做人做事做人事做生意

孙郡锴◎编著

中国华侨出版社
·北京·

图书在版编目 (CIP) 数据

做人做事做生意 / 孙郡锴编著 .—北京：中国华侨出版社，
2010.4（2024.11 重印）

ISBN 978-7-5113-0357-8

Ⅰ.①做… Ⅱ.①孙… Ⅲ.①成功心理学—通俗读物
Ⅳ.① B848.4-49

中国版本图书馆 CIP 数据核字（2010）第 063342 号

做人做事做生意

编　　著：孙郡锴
责任编辑：刘晓燕
封面设计：周　飞
经　　销：新华书店
开　　本：710 mm × 1000 mm　1/16 开　　印张：12　　字数：130 千字
印　　刷：三河市富华印刷包装有限公司
版　　次：2010 年 6 月第 1 版
印　　次：2024 年 11 月第 2 次印刷
书　　号：ISBN 978-7-5113-0357-8
定　　价：49.80 元

中国华侨出版社　北京市朝阳区西坝河东里 77 号楼底商 5 号　邮编：100028
发 行 部：（010）64443051　　　传　真：（010）64439708

如果发现印装质量问题，影响阅读，请与印刷厂联系调换。

前 言

PREFACE

　　人生是一张单程车票，你绝对不可能凭这张票回到生命的起点，在同样的一生中，为什么有的人能干出一番惊天动地、轰轰烈烈的大事业，有的人却一辈子默默无闻、一事无成？究其原因有很多，但最重要的一点就是：前者能够通晓遵循做人做事做生意的哲学；而后者则不懂得把握这些哲学，或者说是把握的比较欠缺。"世事洞明皆学问，人情练达即文章"，做人做事做生意是一种境界，也是一门学问，洞悉其中的精髓，才能良好的立足，才能赢得人生最丰厚的回报。

　　做人做事做生意是三个各不相同而又密切联系的概念，它贯穿于宝贵的人生发展之中。聪明人善于以做人带动做事，以做事扩大成果，以做生意把握成功。坦坦荡荡做人、踏实精明做事、实实在在做生意，这就是做人、做事、做生意的铁定规律，是立身处世的法宝，是纵横商场常胜不败的奥秘。

　　为了帮助人们充分掌握和认识做人做事做生意的处世哲学，以达到人生更好地成功，我们特编撰了此书。本书通过生动的案例和深入浅出的道理，将做人、做事、做生意这三个要素进行了深刻的诠释。

　　如果你的人生事业屡遭波折，自己又不知道障碍在哪里，你将从本书中获得答案；如果你目前春风得意、好运连连，那么书中的方法和技巧会使你如虎添翼。相信书中深厚的内容一定会带给你美好的启迪和受益。

目 录
CONTENTS

上篇　做人
坦荡慧心天地阔

如何做人？怎样做人？做一个什么样的人？这是一门艺术，更是一门学问。平时我们经常听到"做人难，难做人"的感慨，也经常能感悟到"先做人，后做事"的哲理。可见，做人不是个小问题，而是大问题，是值得每个人探究的必修课。生活中多一分坦荡，你就不会为命运多舛而嗟叹不已，你就会横跨千沟万壑，笑对人生，快乐生活，你就会拥有生命中永远的春天。

中篇　做事
踏实精明百事成

一个人的成功在于他做事的方式。谁都想事业发达、家庭美满，谁都想办事顺利，游刃有余，但是只有那些踏实精明而会做事的人才能实现自己的愿望。纵观成功者和失败者的一个很大区别，就在于是否懂得做事之道。因此，做事看似简单，却蕴含着深厚的成功道理，不得不仔细思量。

第六章　持之以恒定成功 // 064

第七章　敢于尝试机会来 // 072

下篇　做生意
圆融财源滚滚来

"做生意"这三个字，说起来简单，但真要做起来却有很多学问。做生意不仅要讲究眼光敏锐及行业技巧，更要注重诚信和人脉。精明的商家，总是知道如何将商业意识渗透到生活中的每一件事中去，甚至是一举手一投足；充满商业细胞的商人，赚钱之道可以说是无处不在、无时不在。

上篇　做人

坦荡慧心天地阔

如何做人？怎样做人？做一个什么样的人？这是一门艺术，更是一门学问。平时我们经常听到"做人难，难做人"的感慨，也经常能感悟到"先做人，后做事"的哲理。可见，做人不是个小问题，而是大问题，是值得每个人探究的必修课。生活中多一分坦荡，你就不会为命运多舛而嗟叹不已，你就会横跨千沟万壑，笑对人生，快乐生活，你就会拥有生命中永远的春天。

▶▶ 第一章　摆正心态命运好

事情并不像你想象的那样糟糕

有一则寓言是这样讲的：

某日，野兔们聚集在一起，彼此诉起苦来，认为他们的生活充满危险和恐惧，人、狗、鹰和其他动物无时无刻不在威胁着他们。他们觉得与其这样活得担惊受怕，还不如一死了之来得痛快。

野兔们拿定主意后，便立即纷纷奔向池塘，准备投水自尽。蹲在池塘边的青蛙，一听到兔子跑来的声响，马上都跳到水中去了。领头的野兔见到此状，说道："别忙，朋友们，别再吓得自寻短见了！你们来看，这儿有些动物比我们还胆小哩！"

野兔们以为自己整天担惊受怕很可怜，但通过与青蛙对比之后，它们才发现其实并不像它们想象的那样。

事实上，通常让我们痛不欲生的事情，如果拿来跟别人的遭遇相比，那简直是不值一提，但是，我们为何经常把自己极其微小的不如意，当成生命中的重大挫折？

其实，原因就出在我们喜欢借着夸大自己的不幸，来凸显自己在别人心目中的地位；喜欢借着小题大做，来引起别人对自己的注意。而且有人还会极力地夸大自己的不幸，而这样做的结果只能令自己真的陷入更大的不幸之中。

面对生活中的不幸，有时我们会不知不觉地把它放大，把一点小事想得太严重，结果事实证明我们是在自寻烦恼。有时候一件事也许还有转机，我们却自己先泄气了，认为已经无法挽回了；有时我们觉得自己是最倒霉的那个人，事事不顺，其实是我们自己不够用心；还有的时候，我们只是片面地看到事物不好的一面，可实际上，它还有非常美好的一面，只是我们没有发现……所以，遇到不如意的事情时，千万别忘了提醒自己：别难过！事情没有想象的那么糟！

心不死就有希望

人在低谷的时候，只要你抬脚走，就会走向高处。这就是否极泰来；如果你躺下不动了，这就是坟墓。

时运不济，人人都可能遇到，一辈子都没有受过挫折的人是很少的。

杜克·鲁德曼是一个年过 60 岁的老人。他自认为是一个遭受失败最多的人。他热衷于石油的开采，他说他一生中每打四口井，就有三口是枯井。可是他依然从逆境中走了出来，成了一个身价超过两亿美元的富翁。杜克·鲁德曼自己回忆说："当年我被学校开除后，就跑到得克萨斯的油田找了一份工作。随着经验的逐渐丰富，我便想自己当一名独立的石油勘探者。那时候，每当我手里有钱了，我就自己租赁设备，进行石油勘探。在连续的两年里，我一共打了将近 30 口井，但全部是枯井。

当时，我真的是失望极了。"杜克·鲁德曼的确陷入了困境，将近 40 岁了，依然一无所成。但是，他不但没有被逆境压倒，反而更加勤奋努力。他开始研读各种与石油开采有关的书籍，获得了丰富的理论知识。等理论知识掌握得非常充分的时候，他卷土重来，租好设备，找好地皮，进行又一次石油开采。这一次没有遇到枯井，看到的是汩汩的石油。

每一种挫折或不利的突变，都带着同样或较大有利的种子。最危险的时候，也就是你的爆破力发展到最大限度的时候。任何事情都是多方面的，我们看到的只是其中的一个侧面。

武晶靓虽然是个"天之骄子"，但许多时运不济的事还是让她碰上了。考大学那年，国家正好试行收费制，四年下来，她比早考上一年的人整整多花了 8000 元。四年后，她毕业了，谁知国家在分配上又实行双向选择。最后虽找到了工作，可是一年后，又赶上机关大裁员，她下岗了。她先后又干了几份工作，但做不长久就被辞退了。

武晶靓开始自我反省，如此失败也许是没有为踏入社会做好准备。她并没有沮丧，选择了从头再来。经过深思熟虑，她去了滨海的一个农场，利用所学的知识，专门种植荷兰的一种郁金香。后来，这种花在几个大城市供不应求。武晶靓第一年的纯收入就超过了 7 万元。

武晶靓的经历告诉我们，在时运不济的时候，每个人都可以有两种选择：一是怨天尤人，一是活得更起劲。只要你能审时度势，自强不息，总有一条很宽广的路是为你准备的。

失败不可怕，就怕心死。每个人都不希望失败，但失败是不可避免的。

成功学大师拿破仑·希尔曾经指出，因为下面这三个原因，失败往往能够转化为成功的基石。第一，失败可以打开新的机遇大门，迎来新的人生机会；第二，失败可以给骄傲的人注入一针清醒剂；第三，失败可以使人知道成功需要什么样的方法，而什么方法是错误的。

基于上面三个原因，我们应该知道，失败带来的逆境并非都是坏事。只要我们在逆境中找到动力，对我们获得成功是很有帮助的。

如果无法改变，那就坦然面对

已故的美国小说家塔金顿常说："我可以忍受一切变故，除了失明，我绝不能忍受失明。"可是在他 60 岁的某一天，当他看着地毯时，却发现地毯的颜色渐渐模糊，他看不出图案。他去看医生，得知了残酷的现实：他即将失明。有一只眼差不多全瞎了，另一只也接近失明。他最恐惧的事终于发生了。

塔金顿对这最大的灾难如何反应呢？他是否觉得："完了，我的人生完了！"完全不是，令人惊讶的是，他还蛮愉快的，他甚至发挥了他的幽默感。这些浮游的斑点阻挡他的视力，当大斑点晃过他的视野时，他会说："嘿！又是这个大家伙，不知道它今早要到哪儿去！"完全失明后，塔金顿说："我现在已接受了这个事实，也可以面对任何状况。"

为了恢复视力，塔金顿在一年内得接受 12 次以上的手术，而且只是采取局部麻醉。他了解这是必需的，无可逃避的，唯一能做的就是坦然地接受。他放弃了私人病房，而和大家一起住在大众病房，想办法让大家高兴一点。当他必须再次接受手术时，他提醒自己是何等幸运："多奇妙啊，科学已进步到连人眼如此精细的器官都能动手术了。"

我们每个人都可能存在着这样的弱点：不能面对苦难。但是，只要坚强每个人都可以接受它。像本以为自己绝不能忍受失明的塔金顿一样，这个时候他却说："我不愿用快乐的经验来替换这次的体会。"他因此学会了接受，并相信人生没有任何事会超过他的容忍力。如塔金顿所说的，此次经验教导他"失明并不悲惨，无力容忍失明才是真正悲惨的"。

成功学大师卡耐基说："有一次我拒不接受我遇到的一种不可改变的情况，不断做无谓的反抗，结果带来无眠的夜晚，我把自己整得很惨。终于，经过一年的自我折磨，我不得不接受我无法改变的事实。"

面对不可避免的事实，我们就应该学着做到诗人惠特曼所说的那样："让我们学着像树木一样顺其自然，面对黑夜、风暴、饥饿、意外与挫折"。

接受并利用既定现实

已故的爱德华·埃文斯先生，从小生活在一个贫苦的家庭，起初只能靠卖报来维持生计，后来在一家杂货店当营业员，家里好几口人都靠着他的微薄工资来度日。后来他又谋得一个助理图书管理员的职位，依然是很少的薪水，但他必须干下去，毕竟做生意实在是太冒险了。在八年之后，他借了50美元开始了他自己的事业，结果事业的发展一帆风顺，年收入两万美元以上。

然而，可怕的厄运在突然间降临了。他替朋友担保了一笔数额很大的贷款，而朋友却破产了。祸不单行，那家存着他全部积蓄的大银行也破产了。他不但血本无归，而且还欠了一万多美元的债，在如此沉重的双重打击下，埃文斯终于倒下了。吃不下东西，睡不好觉，而且生起了莫名其妙的怪病，整天就处于一种极度的担忧之中，大脑一片空白。

有一天，埃文斯在走路的时候，突然昏倒在路边，以后就再也不能走路了。家里人让他躺在床上，接着他全身开始腐烂，伤口一直往骨头里面渗了进去。他甚至连躺在床上也觉得难受。医生只是淡淡地告诉他：只有两个星期的生命。埃文斯索性把全部都放弃了，既然厄运已降临到自己头上，只有平静地接受它，他静静地写好遗嘱，躺在床上等死。人也彻底放松下来，闭目休息，却每天无法连续睡着两小时以上。

时间一天一天过去，由于心态平静了，他不再为已经降临的灾难而痛苦，他睡得像个小孩子那样踏实，也不再无谓地忧虑了，胃口也开始好了起来。几星期后，埃文斯已能拄着拐杖走路，六个星期后，他又能工作了。只不过是以前一年赚两万美元，现在是一周赚 30 美元，但他已经感到万分高兴了。

他的工作是推销用船运送汽车时在轮子后面放的挡板，他早已忘却了忧虑，不再为过去的事而懊恼，也不再害怕将来，把他所有的时间、所有的精力、所有的热忱都用来推销挡板，日子又红火起来了，不过几年而已，他已是埃文斯工业公司的董事长。如果你坐飞机去格陵兰，很可能降在埃文斯机场，这是专门为纪念他而建立的飞机场。是的，他是生活中的强者，原因在于他不仅能勇敢坚强地接受既定的现实带来的不幸和困境，并且能平静而理智地对待它、利用它。

厄运的到来是我们无法预知的，面对它的巨大压力，怨天尤人只会使我们的命运更加灰暗。所以我们必须选择一种对我们有好处的活法，换一种心态，换一种途径，才能不为厄运的深渊所淹没。

当初，发明汽车轮胎的人想要制造一种轮胎，能在路况很差的地方行驶，抗拒坎坷和颠簸，开始情况不甚理想，失败连连。但经过不懈的探索试验，他们终于生产出了这样的轮胎。它既能承受巨大的压力，又能抗拒一切的碎石块和其他障碍物。他们称赞它"能接受一切"。做人也应与好的轮胎一样，只有能接受一切，并且勇敢前进，才能通过人生的另一种途径走得更远。

当我们不再反抗那些不可避免的事实时，我们就能节省下精力，创造出一个新的、更丰富的生活前景。

让缺陷转变成优势

就像十指有短长一样，上天对每个人也不是绝对公平的，许多人身上都有这样或那样的缺陷，不同的是，一些人因此失落沉沦，一些人却能活得比一般人还好。活得好的人，他们大都懂得如何让自己的缺陷转变成优势。

某电影导演，为拍一部片子四处寻找合适的演员。一天，他发现了一个合适人选，便通知他准备试镜头。这个人十分高兴，理了发，换上新衣，对着镜子左照右照，总感到自己两颗"犬牙"式的牙齿不好看，于是到医院把牙齿拔掉了。后来，他兴致勃勃地去报到，导演一见到他，失望地说："对不起，你身上最珍贵的东西，被你自己当缺陷给毁了，影片已经不需要你了。"这个人没有意识到自己的这种短处在这里正是长处，传统的虚荣观念毁掉了有可能使他的人生大放异彩的机会。

海伦·凯勒写道："如果我不是有这样的残疾，我也许不会做到我所完成的这么多工作。"也许正因为这种人间的奇迹，所以我们才会对正确的做人方法表现出兴趣和研究的欲望来，因为它对人的命运影响是如此巨大。

美国前总统罗斯福是一个有缺陷的人，他小时候是一个脆弱胆小的学生，在学校课堂里总显露一种惊惧的表情。他呼吸就好像喘大气一样。如果被喊起来背诵，立即会双腿发抖，嘴唇也颤抖不已，回答起来含含糊糊，吞吞吐吐，然后颓然地坐下来。由于牙齿的暴露，使他没有一个好看的面孔。

罗斯福虽然有这方面的缺陷，但却有着奋斗的精神。凡是他能克服的缺点他便克服，不能克服的他便加以利用。他用坚强的意志，咬紧自己的牙床使嘴唇不颤动而克服他的惧怕。他学会了如何利用一种假声，掩饰他那无人不知的龅牙，终于成为当时最有力量的演说家之一。

由于罗斯福没有在缺陷面前退缩和消沉，而是充分、全面地认识自己，在意识到自我缺陷的同时，能正确地评价自己，不因缺陷而气馁，而是加以利用，变为资本，从而登上名誉巅峰。在晚年，已经很少有人知道他曾有严重的缺陷了。

除了这种勇敢不消沉能使缺陷变成优势，另一种巧妙的转化也有同样的效果。曾长期担任菲律宾外长的罗慕洛穿上鞋时身高只有 1.63 米，原先，他与其他人一样，为自己的身材而自惭形秽。年轻时，也穿过高跟鞋，但这种方法令他精神上不舒服。他感到这是在自欺欺人，于是便把它扔了。后来，在他的一生中，他的许多成就却与他的"矮"有关，也就是说，矮倒促使他一帆风顺，与众不同。以至于他说出这样的话："但愿我生生世世都做矮子。"

1935 年，大多数的美国人尚不知道罗慕洛为何许人也。那时，他应邀到圣母大学接受荣誉学位，并且发表演讲。那天，高大的罗斯福总统也是演讲人，事后，罗斯福笑吟吟地怪罗慕洛"抢了美国总统的风头"。更值得回味的是，1945年，联合国创立会议在旧金山举行，罗慕洛以菲律宾代表团团长身份，应邀发表演说。讲台差不多和他一般高，等大家静下来，罗慕洛庄严地说出一句："我们就把这个会场当作最后的战场吧。"这时，全场突然一片寂静，接着爆发出一阵掌声。最后，他以"维护尊严、言辞和思想比枪炮更有力量……唯一牢不可破的防线是互助互谅的防线"结束演讲时，全场响起了暴风雨般的掌声。后来，他分析道：如果大个子说这番话，听众可能客客气气地鼓一下掌，但菲律宾那时离独立还有一年，自己又是矮子，由他来说，就有意想不到的效果。

由这件事，罗慕洛认为矮子比高个子有着天赋的优势。矮子起初总被人轻视，后来，有了表现，别人就觉得出乎意料，不由得佩服起来，在人们的心目中，成就就格外出色，以致平常的事一经他的手，就似乎成了石破天惊之举。

只要会利用，缺陷也会变成有利条件，关键是我们采取什么样的态度和方法。命运给我们的暗示也许正是这样：你认为你是什么样的人，就会成为什么样的人。

做自己命运的设计师

一个女孩对她的父亲抱怨说，她的生命是如何痛苦、无助，她是多么想要健康地活下去，但是她已失去方向，整个人惶惶然，只想放弃；她已厌烦了抗拒、挣扎，但是问题却一个接着一个，让她毫无招架之力。

父亲二话不说，拉起心爱的女儿，走向厨房。他烧了三锅水，当水沸腾之后，他在第一个锅里放进了萝卜，第二个锅里放进了一枚鸡蛋，第三个锅里则放进了咖啡。

女儿望着父亲，不明所以。而父亲只是温柔地握着她的手，示意她不要说话，静静地看着滚烫的水沸腾的煮着锅里的萝卜、鸡蛋和咖啡。一段时间后，父亲把锅里的萝卜、鸡蛋捞起来分别放进碗中，再把咖啡滤过倒进杯子。他问："你看到了什么？"

女儿说："萝卜、鸡蛋和咖啡。"

父亲把女儿拉近，要女儿摸摸经过沸水烧煮的萝卜，萝卜已被煮得软烂；他要女儿拿起鸡蛋，敲碎薄硬的蛋壳，细心地观察着这颗鸡蛋；然后，他要女儿尝了尝咖啡。

女儿笑起来，喝着咖啡，闻着浓浓的香味，并好奇地问："爸，这是什么意思？"

父亲解释道，这三样东西面对相同的环境，也就是滚烫的水，反应却各不相同。原本粗硬、坚实的萝卜，在滚水中却变软了；这个鸡蛋原本非常脆弱，它那薄硬的外壳起着保护的作用，但是经过滚水煮过之后，蛋壳内却变硬了；而粉末状的咖啡却非常特别，在滚烫的热水中，它竟然改变了水的味道。

"你呢？我的女儿，你是什么？"父亲慈爱地问虽已长大成人，却一时失去勇气的女儿，"当逆境来到你的面前，你有何反应呢？你是看似坚强的萝卜，在痛苦与逆境到来时却变得软弱、失去了力量吗？或者你像是一颗鸡蛋，有着柔顺易变的心，但是在经历困境之后，变得坚硬顽强？或者，你就像是咖啡末，将那原本无味的沸水变成了美味的咖啡？"

　　人生的挫折、逆境无法避免，但我们可以改变我们的心态，从而改变我们处理问题的方式。心态决定命运，积极的心态有助于你在逆境到来时勇敢地面对、积极地改变，使你在逆境的磨砺中变得更加出色、美好；消极的心态，则让你无法面对一个个人生挫折，挑不起生活的重担，只能自甘沉沦，被挫折击垮。除了我们自己，谁也无法掌控我们的态度，选择乐观还是悲观，一切在于自己，让我们坚持去做我们自己命运的设计师，决不让逆境轻易地击垮我们。

▶▶ 第二章　讲究诚信道路宽

▶▶

诚信是一个人立身处世之根本

孔子说："一个人不讲信用，不知道他怎么可以立身处世。这就好比大车没有安横木的，小车没有安横木的，那么它怎么能行走呢？"

曾子，名参，孔子的得意门生。儒家思想就是孔丘通过曾子传给嫡孙子思，再传给孟轲，形成孔孟之道的，所以，曾子被儒家尊为"宗圣"。曾子杀猪取信于子的教子故事，在我国广为流传。

有一天，曾子的妻子要到集市上去，小儿子哭闹着要跟着去。曾妻戏哄儿子说："好乖乖，你别哭，你在家里等着，妈妈回来杀猪炒肉给你吃。"儿子听说有肉吃，便答应不随母亲去了。

曾子的妻子从街上回来，只见曾子拿着绳子在捆猪，旁边还放着一把雪亮的尖刀，正在准备杀猪呢！曾子的妻子一见慌了，赶快制止曾子说："我刚才是同孩子说着玩的，并不是真的要杀猪呀！你怎么当真了？"曾子语重心长地对妻子说："你要知道孩子是欺骗不得的。孩子小，什么都不懂，只会学父母的样子听父母的教训。今天你要是这样欺骗了孩子，就等于教他说假话和骗别人。再说，今天你要这样欺骗孩子，孩子觉得母亲的话不可靠，以后你再讲什么话，他就不会相信了，对孩子进行教育也就困难了。你说这猪该不该杀呀？"

曾妻听了丈夫的一席话，后悔自己不该和孩子开玩笑，更不该欺骗孩子。既然答应杀猪给孩子吃肉，就该说到做到，取信于孩子。于是她和丈夫一起动手磨刀杀猪，为孩子烧了一锅香喷喷的猪肉。儿子一边吃肉，一边向父母投去了信任和感激的目光。

父母的言行直接感染了孩子。一天晚上，曾子的小儿子刚睡下又突然起来，从枕头下拿起一把竹简向外跑。曾子问他去干什么？孩子说，这是我从朋友那里借来的书简，说好了，今天还，再晚也要还人家，不能言而无信啊！曾子笑着把儿子送出了门。

曾子不但主张教育孩子要说话算话，而且主张在与朋友交往时更要讲究信用。他说过："吾日三省吾身：为人谋而不忠乎？与朋友交而无信乎？"意思是："我每天再三反省自己，替别人出主意办事情，有没有不忠诚的地方呢？与朋友交往时，有没有不守信用的时候？"曾子是一个对自己要求相当严格的人，他尤其重视自己的道德修养。他所说的"吾日三省吾身"，千百年来，已成为中国广大知识分子的修身格言。

曾几何时，世风日下，人心不古，人与人之间不仅没有了信任和依托，而且尔虞我诈。这种风气严重影响了个人和整个经济局势的发展。因此，人们呼唤诚信的呼声日益高涨。在现代社会，不讲诚信的人将会逐渐被淘汰出局。正所谓"人而无信，不知其可也。"唯有以诚信立世，才能在人生路上长远顺利地走下去。

诚信，就是不欺人，重承诺，不耍花招，敢于负责。作为一种传统美德，诚信不仅是个人道德修养的底线，也是人际交往和各种社会事务顺利进行的基本保证。

知行合一才是最大的诚实

在大千世界芸芸众生之中，人类有着得天独厚的专长，就是"知"，也是"智"。可以说这是人类区别于万物的最基本的属性，所以，"知"是人类生存发展的关键。但是"知"不代表就能"行"，也就是说讲理论很容易，可是实行却是很难的。这不是古人的偏见，而是客观存在的事实。

举个很浅显的例子。

大家都知道十字路口的红绿灯的作用，也都知道红灯的时候不应该过马路，可是当红灯亮起，左右 500 米之内没有疾驰的车开过来时，大多数人都还会选择闯红灯。这些人不知道交通法规吗？具体的条款不知，但不可闯红灯这一条可是连幼儿园小孩子都懂的，只是知道却不肯去做罢了。至于违反规定的背后隐藏着怎样的社会问题，那是多数人都不会去考虑的了。这便是"知易行难"的一个常见的例子。

唐代鸟窠道林禅师 9 岁出家，初随长安西明寺复礼法师学《华严经》和《大乘起信论》，后来学禅，参谒径山国一禅师得法，并成了他的法嗣。

南归后，道林禅师见杭州秦望山松林繁茂，盘曲如盖，便住在树上，人们遂称他为"鸟窠禅师"。

元和十五年，诗人白居易出任杭州刺史。白居易对禅宗非常推崇，听说高僧鸟窠禅师住在秦望山上，非常高兴，决定上山探问禅法。

一天，白居易上山来参访鸟窠禅师。他望着高悬空中的草舍，十分紧张，不由得感慨："禅师的住处很危险哪。"

鸟窠禅师回答说："我看大人的住处更危险。"

白居易不解地问："我身为要员，镇守江山，有什么危险可言？"

鸟窠禅师回答说："欲望之火熊熊燃烧，人生无常，尘世如同火宅，你陷入情识知解而不能自拔，怎么不危险呢？"

白居易沉思了一会儿，又换了个话题，问鸟窠禅师："什么是佛法大意？"

禅师回答说："诸恶莫做，众善奉行。"

白居易听禅师用这样简单的话来搪塞自己，非常失望，说："这话连 3 岁小孩都知道。"

鸟窠禅师说："虽然 3 岁小孩都知道，但 80 岁老翁却都未必能做到。"

白居易豁然开悟，施礼而退。

要做善事，不要做坏事，这是 3 岁小孩都懂得的道理，可是观其一生，到他垂垂老矣的时候，却未必能做到这一点。我们在红尘俗世里的芸芸众生，有几个人一生都能够扬善惩恶的呢？

1978 年，75 位诺贝尔奖获得者在巴黎聚会。

人们对于诺贝尔奖获得者非常崇敬，有个记者问其中一位："在您的一生里，您认为最重要的东西是在哪所大学、哪所实验室里学到的呢？"

这位白发苍苍的诺贝尔奖获得者平静地回答："是在幼儿园。"

记者感到非常惊奇，又问道："为什么是在幼儿园呢？您认为您在幼儿园里学到了什么呢？"

这位诺贝尔奖获得者微笑着回答："在幼儿园里，我学会了很多很多。比如，把自己的东西分一半给小伙伴们；不是自己的东西不要拿；东西要放整齐；饭前要洗手；午饭后要休息；做了错事要表示歉意；学习要多思考，要仔细观察大自然。我认为，我学到的全部东西就是这些。"

所有在场的人对这位诺贝尔奖获得者的回答报以热烈的掌声。

这个故事与白居易的故事有着相通的道理，做人处世的道理其实并不深奥，其中很多原则我们在孩提时代就已经知道了，但是能够将这种已知的道理贯彻在自己的日常生活中，却是很难的。因为我们都有着私欲，当道理与私欲相冲突的时候，我们又总是那样容易就退让给私欲，将道理轻轻挥到一边。小孩子都知道做错了事要承认错误，要道歉，可是真的犯了错的时候，又不由得会说谎逃避，因为会害怕随之而来的惩罚。等到成人立世，步入工作岗位，推卸责任、让别人背黑锅的事更是做得信手拈来，毫不费力。究其根底，就是因为我们其实不明了"道"的真谛，将自己看得过于尊贵，将别人看得过于低下，所以任何事情发生的时候，都自然而然地先为自己的私利着想，而不是先去想自己的所作所为是否符合道义。

再举个常见的例子，大家都知道坐车的时候要买票，小孩子身高超过 1.1 米的时候也要买票。但是很多家长为了省下票钱，会教小孩子在量身高的时候稍微向下蹲一蹲，不够 1.1 米的线。他们是不知道逃票是不对的吗？当然知道，但是这种违规和省下的钱相比实在不够让他们产生任何愧疚感。不仅不会愧疚，而且理直气壮，旁边的人看来也都觉得十分正常。

其实这是不正常的行为，孩子时时都在观察和模仿成年人的行为，当他们看到父母让自己逃票的时候，会以为钻空子讨便宜是很正常的事，以后就会照样模仿。可笑的是，有的父母一边教育着孩子要诚实，一边却又在"以身作则"地教孩子不要诚实，理由是太诚实在社会上会吃亏。

分析世界上一些大企业家成功的因素不难发现，第一个原因就是诚信。市场经济是以诚信为基础的，没有诚信哪有市场。这是最基本的交往规则。诚信危机是怎么出现的呢？或许就是在父母教孩子逃票、闯红灯这样的小事上开始的。知易行难，其实也就是难以让知与行统一起来，所以老子才会发出这样的感叹：吾言甚易知，甚易行；而天下莫之能知，莫之能行。

能知亦能行，让知与行统一起来的人，才是合乎于道的。这样的人或许在有些自认为聪明的人眼里是呆板蠢笨的，但是从长远来看，他们才是值得尊重的，才是真正获利的。这样的人也才是能够支撑起华夏脊梁的人。

事实比雄辩更有力

言辞如果用来争辩是非曲直，把事情原貌、真正的是非曲直形容得抽象生硬，就是言辞胜过事实，歪曲了事实，把事情的原貌搞得一塌糊涂。事实是什么就是什么，时间终究会把一切分辨得一清二楚。

庄子的这段话向我们揭示了一个深刻的道理：事实胜于雄辩，争辩并不能分清是非曲直，只有实在的行动才能还原事情的原貌。所以，遇事不要做太多无谓的口舌之争。

有这样一个故事：日本的白隐禅师是一位修行有道的高僧。有一对夫妇，在白隐禅师住处附近开了一家水产店，他们有一个漂亮的女儿。无意间，夫妇俩发现女儿的肚子无缘无故地大起来。这种见不得人的事，使得她的父母震怒异常！在父母的一再逼问下，她终于吞吞吐吐地说出"白隐"两个字。

这对夫妻怒不可遏地去找白隐理论，白隐听完了对方的辱骂，只淡淡地应道："就是这样吗？"可事情并没有完，等那姑娘肚中的孩子降生后，姑娘的父母竟毫不犹豫地将婴儿送给了白隐。这着实是让白隐禅师难堪的事，"一位出家的和尚，竟与民女通奸，还生了孩子，出的是哪门子的家"，街谈巷议不绝于耳。

这位白隐禅师尽管名誉扫地，但并不介意，他没有任何辩解，只是认真、细心地照顾着孩子——他向邻居乞讨婴儿所需的奶水，买来其他婴儿用品，虽不免横遭白眼，或是冷嘲热讽，但他总是处之泰然，仿佛他是受人之托抚养别人的孩子一般，他只想让那个孩子一天天健康、快乐地成长。

一年后，那位没有结婚的妈妈，终于不忍心再欺瞒下去了，她老老实实地向父母吐露真情：孩子的生父是在鱼市上的一名青年。于是姑娘的父母羞愧万分地去跟白隐禅师赔礼道歉，并抱回孩子。

白隐仍然是淡然如水，在交回孩子时，仍然只是轻轻地说道："就是这样吗？"

生活中，我们总要面对生活的是是非非，有时不必一定要让自己身陷其中，然后试图让自己能够还原生活的本质，以证明自己的清白或无辜。殊不知，生活是复杂的，有时候，很多事情很可能越想弄明白，反而越发朦胧难辨了，这就是人们常说的"越描越黑"的道理。所以，有时候，在一些并非原则性的是是非非面前，我们无须去澄清什么，时间会替我们做出证明的，就像白隐禅师那样。

还有一种情况，就是每个人都认为自己是正确的。比如是非、比如利害，没有不可以说是彼方的，也没有不可以说是此方的。从不知情的彼方看不见，从知情的此方就明白了。犹如打仗，此方胜了，彼方败了，但换一个时空，立即就可能胜负易主。对于任何一种情景与结局，别人会有的，自己同样也会遇到。打仗胜负，败方不知自己如何失手打败，胜方却事先便了如指掌，但这种结局随时都可以换一个位置。

就是非之争而言，双方常相持不下。此方是一种是非，彼方却又是一种是非。果真有彼此的相对的区别吗？反过来，果真没有彼此是非的分别吗？

要使彼此双方是非争执罢休，化对立为一体，这就是道的作用。以道为转轴，以深知应万变，是非纠葛无穷，道的中心转轴位置不动。是，是无穷尽的，非，也是无穷尽的，彼此因之争斗也无穷无尽。不如放弃成见，让事实本身的是与非互相明确，心灵与行为便日益靠近道了。

忘掉没完没了的争论吧，放弃词句华丽的自我表白吧，事情该是什么样子就是什么样子。

以赤诚宽容之心待人

在现代社会，人与人之间的合作是必不可少的，而要与人实现友好合作，你就必须以一片赤诚之心待人，宽宏大量，与人为善，包容和吸纳对方的意见，你才能走向成功。

孔子说："二人同心，其利断金。"意思很简单，只要大家齐心协力，就会像一把锋利的好刀，削铁如泥。一切事业都必须精诚合作才有希望成功。

一个人想知道天堂与地狱的差别，上帝对他说："来吧！我让你看看什么是地狱。"

他们走进一个房间，一群人围着一大锅肉汤，但每个人看上去一脸饿相，瘦骨伶仃。他们每个人都有一只可以够到锅里的汤勺，但汤勺的柄比他们的手臂还长，自己没法把汤送进嘴里。有肉汤喝不到，只能无可奈何地饿肚子。

"来吧！我再让你看看天堂。"上帝把这个人领到另一个房间。这里的一切和刚才那个房间没什么不同，一锅汤、一群人、一样的长柄汤勺，但大家都身强体壮，正在快乐地歌唱着幸福。

"为什么？"这个人不解地问，"为什么地狱的人喝不到肉汤，而天堂的人却能喝到？"

上帝微笑着说："很简单，在这儿，他们都会喂别人。"

故事并不复杂，但却蕴涵着深刻的社会哲理和强烈的警示意义。同样的条件，同样的设备，为什么一些人把它变成了天堂而另一些人却经营成了地狱？关键就在于你是选择共享还是独霸利益。

现代社会，人与人之间交往日益频繁，既存在着激烈的竞争，又有着广泛的联系与合作。一个缺乏合作精神的人，不仅事业上难有建树，很难适应时代发展的需要，也难在激烈的竞争中立于不败之地。

优秀的人才有机地结合在一起，就会相映生辉，相得益彰。如今许多企业实行强强联合，就是希望通过合作产生巨大的能量，达成双赢的效果。

一个以敌视的眼光看世界的人，对周围人戒备森严，心胸狭窄，处处提防，他不可能有真正的伙伴和朋友，只会使自己陷入孤独和无助中；而宽宏大量，与人为善，宽容待人，能主动为他人着想，肯关心和帮助别人的人，则讨人喜欢，易于被人接纳，受人尊重，具有魅力，因而能更多地体验成功的喜悦。

在 18 世纪，法国科学家普鲁斯特和贝索勒是一对死敌。他们围绕定比定律争论了有 9 年之久，他们都坚持自己的观点，互不相让。最后的结果是普鲁斯特获得了胜利，成了定比这一科学定律的发明者。但是，普鲁斯特并未因此而得意忘形，独占天功。他真诚地对与他激烈争论的对手贝索勒说："要不是你一次次的责难，我是很难进一步将定比定律研究下去的。"同时，普鲁斯特特别向众人宣告，定比定律的发现，有一半功劳是属于贝索勒的。

普鲁斯特认为，贝索勒的责难和激烈的批评，对他的研究是一种难得的激励，是贝索勒在帮助他完善自己。这与自然界中"只是因为有了狼，鹿才奔跑得更快"的道理是一样的。

普鲁斯特的宽容是博大而明智的，他允许别人的反对，不计较他人的态度，充分看到他人的长处，善于从他人身上吸取营养，肯定和承认他人对自己的帮助。正是由于他善于包容和吸纳他人的意见，才使自己走向成功。

这种宽容实在让人感动，想到时下学术界中屡见不鲜的相互诋毁、压制排挤、争名夺利等文人相轻的现象，让正直的人倍觉耻辱。

著名天文学家第谷和科普勒之间的友谊就是一曲优美的宽容之歌。

科普勒是 16 世纪的德国天文学家，在年轻尚未出名时，曾写过一本关于天体的小册子，深得当时著名的天文学家第谷的赏识。当时第谷正在布拉格进行天文学的研究，第谷诚挚地邀请素不相识的科普勒和他合作一起进行研究。

科普勒兴奋不已，连忙携妻带女赶往布拉格。不料在途中，贫寒的科普勒病倒了。第谷得知后，赶忙寄钱救急，使得科普勒渡过了难关。后来由于妻子的缘故，科普勒和第谷产生了误会，又由于没有马上得到国王的接见，科普勒无端猜测是第谷在使坏，于是写了一封信给第谷，把第谷谩骂了一番后，不辞而别。

第谷是个脾气极坏的人，但是受此侮辱，第谷却显得出奇的平静。他太喜欢这个年轻人了，认定他在天文学研究方面的发展将是前途无量的。他立即嘱咐秘书赶紧给科普勒写信说明原委，并且代表国王诚恳地邀请他再度回到布拉格。

科普勒被第谷的博大胸怀所感染，重新与第谷合作，他们俩合作不久，第谷便重病不起。临终前，第谷将自己所有的资料和底稿都交给了科普勒，这种充分的信任使得科普勒倍受感动。科普勒后来根据这些资料整理出著名的《路德福天文表》，以告慰第谷的在天之灵。

浩瀚如海洋般的宽容情怀，使第谷为科学史留下了一页光辉的人性佳话。这种宽容像雨后的万里晴空，清新辽阔，一尘不染；这种宽容像是舐犊情深，对下一辈给予温暖的关爱和呵护；像是辽阔的大地，让所有为大地增添靓丽生命的物质，都有自己的一片发展天地；亦像是一条乡间的小河，让水草悠悠地生长，让小鱼快乐地游来游去。

正确评价自己，清醒地看到自己的不足与短处，才能产生与人合作、共同发展的强烈愿望，充分发挥自己的潜能。如果用自己的长处比别人的短处，看不见自己的短处和别人的长处，就很难与人精诚合作。

在合作过程中，相互之间难免会有意见相左、磕磕碰碰的时候，也难免有差错、有失误，能不能相互宽容谅解，营造一个和谐宽松的合作氛围，往往直接影响事业的成败。

合作就要互相补台，尤其当合作伙伴的失误给共同的事业造成困难或损失的时候，应该给予充分理解与热情鼓励，开诚布公地指出失误，实事求是地分析原因，心平气和地探讨对策，以帮助合作伙伴尽快走出失误的阴影，振奋精神。这样才能尽快克服困难，尽量减少损失。

有的人遇到困难或不顺就一味地埋怨指责合作伙伴，或者有了成绩则贪天之功，结果是挫伤了别人的积极性，引起别人的反感，妨碍今后的合作，显然不是明智之举。

哲学家威廉·詹姆士曾经说过，"如果你能够使别人乐意和你合作，不论做任何事情，你都可以无往不胜。"合作是一种能力，更是一种艺术。唯有以赤诚之心待人，善于与人合作，才能获得更大的力量，争取更大的成功。

以赤诚之心待人，你会赢得更多朋友，多一个朋友，就多了一个世界。

▶▶ 第三章　正视磨难命运强

接受命运的锤炼

有一块土坯，害怕火烧，在进窑之前偷偷从车上溜了下来。它想：就凭这暖暖的太阳，何愁晒不硬呢？这个办法既舒服，又保险，何必忍受那烟熏火燎呢？于是，它固执地躺在地上，自由自在地享受着温暖的日光浴。

有砖出窑了，红红的、硬硬的。土坯不羡慕，也不着急。它感觉自己也在渐渐变硬，只是没有那耀眼的红色。

如果仅仅是没有红颜色也就罢了。有一天，一场雨下来，土坯支持不住，变成了一摊泥。又过了几日，风吹雨淋，就再也找不见土坯的踪影了。

吴敬梓39岁开始写《儒林外史》，当时生活异常贫穷，他依靠卖文、典当衣物和友人周济维持生活。冬日天寒，家里无火取暖，夜间写书时寒冷难耐，他就邀请一些朋友，乘月照绕城跑步取暖，谓之曰暖足。吴敬梓在这样困苦的三年里，完成了33万字的巨著——《儒林外史》。贫苦并不可怕，可怕的是无所事事。

曹雪芹晚年贫病交困，在北京西山时，"蓬牖茅椽，绳床瓦灶"，"举家食粥酒常赊。"在这样的困境中，他仍然勤奋写作《红楼梦》，披阅十载，增删五次，真是"字字看来皆是血，十年辛苦不寻常"。《红楼梦》问世以后，成为我国古典文学的光辉巨著，也是世界文化艺术的瑰宝。

不经千锤百炼，怎能坚硬如钢？害怕艰苦挑战的人，是经不住风雨考验的；那些逃避困难的人，无法成就最终的辉煌事业。我们要做接受命运的锤炼，在火炉中变得坚硬、坚强，风吹雨淋也不腐朽的红砖。

在逆境中保持坚韧，才能重整旗鼓

富兰克林说："有耐心的人，无往而不利。"耐心就是一种坚韧，需要特别的勇气，需要不屈不挠、坚持到底的精神。这里所谓耐心是动态而非静态的，主动而不是被动的，是一种主导命运的积极力量。这种力量就是坚韧，以一种几乎是不可思议的执着坚持到底。

你知道拿破仑在滑铁卢一役中是被谁打败的吗？

答案是英国的威灵顿将军。这位打败英雄的英雄并不只是幸运而已。他也曾尝过打败仗的滋味，并且多次被拿破仑的军队打得落花流水。

最落魄的一次，威灵顿将军几乎全军覆没，只好落荒而逃，迫不得已藏身在破旧的柴房里。

在饥寒交迫中，他想起自己的军队被拿破仑打得伤亡惨重，自己还有什么脸面去见家乡父老呢？万念俱灰之下，他只想一死了之。

正当他心灰意冷的时候，突然看见墙角有一只正在结网的蜘蛛。一阵风吹来，网立刻被吹破了，但是蜘蛛并没有就此罢休，它再接再厉，努力吐丝，立刻开始重新结网。好不容易又快要结成时，一阵大风吹来，网又散开了，蜘蛛毫不气馁，转移阵地又开始编织它的网。像是要和风比赛一样，蜘蛛始终没有放弃，风越大，它就织得越勤奋，等到它第八次把网织好以后，风终于完全停止了。

威灵顿将军看到了这一幕，不禁有感而发，一只小小的蜘蛛都有勇气对抗大自然这个强大的劲敌，何况自己一个堂堂的将军，更应该要奋战到底。怎能因为一时的失败而丧失斗志呢？

于是，威灵顿将军接受了失败的事实，并且重整旗鼓，苦心奋斗了七年之久。最后在滑铁卢之役一举打败拿破仑，一雪当年的耻辱。

威灵顿将军赢在坚忍不拔的品格上。世界上如果说有一种药能够救人于失败落魄的境地，那么这种药的名字就叫"坚韧"。坚韧能成就人生、成就理想、成就希望。

坚韧是通向成功的桥梁，它让人们在困难中得到了成功。人的一生如果过于顺利，就如温室里的花朵，虽然也能绽放艳丽，但却缺乏一种活力，缺乏一种源于大自然、经历风吹雨打后展现出的生命力。世间万物唯有经过大自然狂风暴雨的洗礼和锤炼方能诞生出旺盛的生命力。人生也是如此。人处于逆境之中，如能坚强地忍受一切不如意，而仍屹立不倒，便是强者！

不要让苦难支配你的生活

人生有很多不如意之事，甚至还要遭受苦难和不幸。而热爱生活的人正是因为苦难和不幸而更坚强，更显示出不屈向上的生机。

有这样一个故事：

在一个城市的街区的 33 号住着一位年轻人，左邻 32 号是个老人。老人一生相当坎坷，多种不幸都降临到他的头上：年轻时由于战乱几乎失去了所有的亲人，一条腿也丢在空袭中；"文革"中，妻子经受不了无休止的折磨，最终和他划清界限，离他而去；不久，和他相依为命的儿子又丧生于车祸。可是在年轻人的印象之中，老人一直矍铄爽朗而又随和。年轻人终于不揣冒昧地问："你经受了那么多苦难和不幸，可是为什么看不出你有伤怀呢？"

老人无言地将年轻人看了很久，然后，将一片树叶举到年轻人的眼前："你瞧，它像什么？"这是一片黄中透绿的叶子。这时候正是深秋。年轻人想这也许是白杨树叶，而至于像什么……

"你能说它不像一颗心吗？或者说就是一颗心？"这是真的，这片树叶十分肖似心脏的形状。年轻人的心为之轻轻一颤。

"再看看它上面都有些什么？"老人将树叶更近地向年轻人凑凑。年轻人清楚地看到，那上面有许多大小不等的孔洞，就像天空里的星月一样。

老人收回树叶，放到手掌中，用那厚重而舒缓的声音说："它在春风中绽出，在阳光中长大，从冰雪消融到寒冷的秋末，它走过了自己的一生。这期间，它经受了虫咬雨打，以致千疮百孔，可是它并没有凋零。它之所以享尽天年，完全是因为对阳光、泥土、雨露充满了热爱，对自己的生命充满了热爱。相比之下，我受到的那些打击又算得了什么呢？"

老人最后把叶子放在了年轻人的书桌上，他说："这答案交给你啦，这实在是一部历史，然而更是一部哲学啊。"

如今这位年轻人仍完好无损地保存着这片树叶。每当年轻人在人生际遇中突遭打击的时候，总能从它那里吸取足够的冷静和力量，不论在怎样的艰难之中，总能保持一份乐观向上的精神。

对生命热爱的人，会把苦难看作一种磨砺，在与苦难抗争的同时，人性的光彩愈加鲜明，正如夜晚的灯，黑暗越浓，光明越明亮醒目，而生命也更加有意义。

不经历风雨怎能见彩虹

人们遇到挫折时，会采取各种各样的态度。综合起来，有两种不同的态度，一种是对挫折采取积极进取的态度，即理智的态度，这时的挫折激励人追求成功；另一种是采取消极防范的态度，即非理智的态度，这时的挫折使人放弃目标，甚至造成伤害。

美国人希拉斯·菲尔德先生退休的时候已经积攒了一大笔钱，足够过上富裕的日子。然而这时他又突发奇想，想在大西洋的海底铺设一条连接欧洲和美国的电缆。随后，他就全身心地开始推动这项事业。

菲尔德先生首先做了一些前期的基础性工作，包括建造一条1600千米长，从纽约到纽芬兰圣约翰的电报线路。纽芬兰650千米长的电报线路要从人迹罕至的森林中穿过，再加上铺设跨越圣劳伦斯海峡的电缆，整个工程十分浩大。菲尔德使尽浑身解数，总算从英国得到了资助。随后，菲尔德的铺设工作就开始了。电缆一头搁在停泊于塞巴斯托波尔港的英国旗舰"阿伽门农"号上，另一头放在美国海军新造的豪华护卫舰"尼亚加拉"号上。没想到，就在电缆铺设到8千米的时候，它突然卷到了机器里面，被切断了。

第一次尝试失败了，菲尔德不甘心，又进行了第二次试验。试验中，在铺好 320 千米长的时候，电流中断了，船上的人们在甲板上焦急地踱来踱去，好像死神就要降临一样。就在菲尔德先生准备放弃这次试验时，电流又神奇地出现了，一如它神奇地消失一样。夜间，船以每小时 6 千米的速度缓缓航行，电缆的铺设也以每小时 6 千米的速度进行。这时，轮船突然发生了一次严重倾斜，制动闸紧急制动，电缆又被割断了。

但菲尔德并不是一个在失败面前容易低头的人。他又购买了 1200 千米长的电缆，而且还聘请了一个专家，请他设计一台更好的机器。后来，在英美两国机械师的联手下才把机器赶制出来。最终，两艘军舰在大西洋上会合了，电缆也接上了头；随后，两艘船继续航行，一艘驶向爱尔兰，另一艘驶向纽芬兰。在此期间，又发生了许多次电缆被割断和电流中断的情况，两艘船最后不得不返回爱尔兰海岸。

在不断的失败面前，参与此事的很多人一个个都泄了气；公众舆论也对此流露出怀疑的态度；投资者也对这一项目失去了信心，不愿意再投资。这时候，菲尔德先生用他百折不挠的精神和他天才的说服力，使这一项目得以继续进行。菲尔德为此日夜操劳，甚至到了废寝忘食的地步。他绝不甘心失败。

于是，尝试又开始了。这次总算一切顺利，全部电缆成功地铺设完毕且没有任何中断，几条消息也通过这条横跨大西洋的海底电缆发送了出去，一切似乎就要大功告成了。但就在举杯庆贺时，突然电流又中断了。这时候，除了菲尔德和一两个朋友外，几乎没有人不感到绝望的。但菲尔德始终抱有信心，正是由于这种毫不动摇的信心，使他们最终又找到了投资人，开始了新一轮的尝试。这一次终于取得了成功。菲尔德正是凭着这种不畏失败的精神，才最终取得了一项辉煌的成就。

很多成功的人在尝试之初难免要遭受一定的失败，这是毫无疑问的，毕竟世界上的事情都不可能是一帆风顺的。那么，同样是失败的尝试，为什么有的人最终成功了呢？原因很简单，那些成功的人在尝试失败之后挺住了，挺住了失败带给他们的苦难，所以最终才能品尝到成功的甘甜，才能感悟到成功带给他们的喜悦泪水。

失败有泪水，坚持有泪水，成功也有泪水，但是这些泪水都是不一样的，或苦或涩或甜。只有品尝过了苦涩的，才能尝到甘甜的。

不经磨难的人生，没有什么意义

曾经，有个年轻人总埋怨生活的压力太大、生活的担子太重，他试图放下担子。可是，他依然觉得很累，压得他透不过气来。他听人说，山脚下有位哲人。于是，他便去请教哲人。

哲人听完了他的诉求，给了他一个空篓子，说："背起这个篓子，朝山顶去。可你每走十步，必须捡起一块石头放进篓子里。等你到了山顶的时候，你自然会知道解救你自己的方法。"

于是，年轻人开始了他寻找答案的旅程！他背着空篓子，每走十步都从上山的路上拾一块石头放进去。

刚上路，那位年轻人精力充沛，一路上蹦蹦跳跳，把自己认为最好的、最美的石头，一个一个扔进篓子里。每扔进一个，便觉得自己又拥有了一件世上最美丽的东西，很充实，很快乐。于是，他在欢笑嬉戏中走完了旅程的三分之一。

可是，篓子里的石头多了起来，也渐渐重了起来。年轻人开始感到，压在他背上的篓子沉了，而且越来越沉，越来越沉。但他很执着，一如既往地走了下去！他鼓励着自己：不远了，已经不远了！

这第二个三分之一的旅程确实让他吃尽了苦头。他已经无暇顾及那些世界上最美丽、最惹人怜爱的石头了。为了不让沉重的篓子变得更重，他毅然放弃了这些，只是挑选了些非常轻的、非常需要的或是必不可少的放进篓子。他深知，这样的放弃，是必要的。他拖着沉重的步伐继续前行。

然而，无论他挑多轻的放入篓子，篓子的重量也只会加重、再加重。但最终，他还是背起篓子，踏上了这最后三分之一的路程。

因为他明白，此时，路，真的已经不远了。他挪着脚步，已经不在乎捡到的是什么，放进篓子的又是什么。他早已麻木于眼前的一切事物，不管是美丽的、是喜欢的、是需要的，抑或是轻巧的。他实在是无力去挑选它们了，只要是在脚下、在眼前、在触手可及的地方，那么，他便捡起它，以作为所走的最后一段旅程的见证品。

眼看着，离目标越来越近，他双手向后托起篓子，来了个最后冲刺。终于，他碰到了哲人，走完了全程，结束了这一场奋斗史！

哲人问："现在，你知道答案了吗？"他莞尔一笑，摇了摇头："我不知道答案。但现在，我也不需要知道了。"

"哦？"哲人惊异地看着他。

他自信地说道："是啊！我把这次的旅程分成了三段。这就好比我人生中的三个阶段：青年时期、中年时期和老年时期。在青年，我挑选了我认为是最美好、最纯真的事物，就像我天真烂漫的童年一样，没有压力，没有负担，只是单纯地认为它美丽，便捡起它；在中年，我挑选了我认为是最实在、最需要的事物，正如成年人一样，有自己的责任，有自己的负担，时刻要为一家上下打点一切，时刻都要保持着理性的头脑；在老年，我挑选了我认为是可以轻易得到，却又往往被人忽视的事物，或许老人们历经沧桑之后，已经懂得，原来他们最重要的事物，是眼前不被人重视的事物。回顾一生，我才发现，我的生活充满了酸甜苦辣，我的生活跌宕起伏，而我的生活也不再是一片空白，不再毫无意义！随着年龄的增长，我必须肩负起生活的责任。也许，我会感到生活的压力，也许，这一份份的压力会越来越重，但在每一份重量增加的同时，我会得到惊喜，得到安慰，抑或是悲伤，抑或是痛苦。可人生，谁不是忽喜忽悲，苦乐参半呢？没有起起伏伏的人生，这样去活着有什么意义呢？我的生活，不是平坦的，但在到达终点的那一刻，在回顾这三段旅程的那一刻，我比谁都自信，比谁都骄傲。因为，我有充实的生活，我活得精彩！所以现在，我又何必为怎样减轻这沉重而苦恼呢？"

哲人会心一笑。这时年轻人突然发现，其实，哲人和自己一样，也不过是芸芸众生中一个平凡的小人物罢了。

一个人的人生应该是一波三折的，但身无负重，又怎能一波三折呢？重负成就了我们，也造就了我们的人生。

随着年龄的增长，人们必须肩负起生活的重任。而且压力会不断地加大，直到让你疲惫不堪。但同时你也因为承担而收获、而惊喜。起伏的人生就由这苦乐参半的日子组成的，它不平坦，但它充实、精彩。

人生的光荣在于屡败屡战

在我们成长的过程中，没有人总是一帆风顺，无论谁都会经历磕磕绊绊，大大小小的挫折、失败不计其数。

下面是一个经常失败者的简历：

9 岁的时候，母亲去世；

22 岁的时候，经商失败；

23 岁的时候，竞选州议员落选，同年，工作丢了，想就读法学院，但未获入学资格；

24 岁的时候，向朋友借钱经商，1 年后，再次破产，接下来，他花了 16 年时间才把债还清；

25 岁的时候，再次竞选州议员，这次赢了；

26 岁的时候，订婚后即将完婚时，未婚妻死了；

27 岁的时候，精神完全崩溃，卧病在床 6 个月；

29 岁的时候，争取成为州议会议长没有成功；

34 岁的时候，参加国会大选，又落选了；

37 岁的时候，再次参加国会大选，这次当选了，在华盛顿特区表现可圈可点；

39 岁的时候，寻求国会议员连任失败；

40 岁的时候，想在自己州内担任土地局长的工作，遭到拒绝；

45 岁的时候，竞选美国参议员落选；

47 岁的时候，在共和党内争取副总统的提名，得票不足 100 张；

51 岁的时候，当选美国总统。

他就是美国历史上最伟大的总统之一的亚伯拉罕·林肯。林肯一生都在面对挫败，他曾绝望至极，但从未放弃人生这场跳高比赛，屡败屡战，最终成为"不为困难所吓倒，不为成功所迷惑的人……一位达到了伟大境界，而仍然保持自己优良品质的罕有的人物"。

屡败屡战，经历数次失败的我们，最惨也不过再次回到零点，从头再来，但再次起跑的我们已经不是原来起跑线上的我们了，至少我们经历过失败，接受过挫折，前面的失败已经为再次的挑战打下了坚实的基础，我们不会在同一个地方摔倒两次，不会为同样问题犯第二次错误，不会再重蹈覆辙，这就是经验。

人生最大的光荣不在于永不失败，而在于屡败屡战。尼克松在总结他一生中六次失败时说："我追求成功比失败多一次，这就足矣。"

永不畏惧，永不放弃

成功者与失败者并没有多大的区别，只不过是失败者走了九十九步，而成功者走了一百步。失败者跌下去的次数比站起来的次数多一次，成功者站起来的次数比跌下去的次数多一次。永不放弃有两个原则，第一个原则是：永不放弃；第二个原则是当你想放弃时回头看第一个原则。

坚持着的时候每一分每一秒都很艰辛，而放弃却非常容易。比如爬山，已经很累的时候还咬着牙坚持，那往上的每一步都凝结着汗水和泪水，而下山就容易得多。然而，你以前的付出也就随风而去了。

永不放弃是一种力量。在人生的旅程中，这种力量不仅体现在对事业的追求，而且同样体现在对一种精神的追求上。在很多情况下，这种追求甚至比知识的力量更强大。如果不坚持，到哪里都是放弃。如果不坚持，不管再到哪里，身后总有一步可退，可退一步不会海阔天空，只是躲进自己的世界而已，而那个世界也只会越来越小。

在追求成功与开创事业的时候，几乎每个人都不可避免地要遇到失败。那么失败可怕吗？你害怕失败吗？

如果我们害怕失败，那么将一事无成。因为，失败的经历并非都是坏事，也许正如英国小说家、剧作家柯鲁德·史密斯所说："对于我们来说，最大的荣幸就是每个人都失败过。而且，都能从跌倒的地方爬起来。"

通常人们被困难击倒的主要原因之一就是他们自己认为无法抵挡困难，会被困难打败。这就像拳击手上台后发现对手比自己高大强壮就吓晕了一样——你不是被对手击倒的，而是自己把自己打败了！因此我们应该勇敢地向前冲，不去试，你怎么知道会失败？就算失败了又怎么样？

《世界上最伟大的推销员》的作者奥格·曼狄诺说：无论我尝试了多少次，无论我在选定的事业中多么坚忍不拔、表现出色，无论我将付出多么大的代价，挫折与失败还会日复一日、年复一年地如影随形。我们每个人，即使是最刚毅、最具英雄气概的人，一生中的大部分时间都是在失败的恐惧中度过的。

玛格丽特·米契尔是世界著名作家，她的名著《乱世佳人》享誉世界。但是，这位写出旷世之作的女作家的创作生涯并非像我们想象的那样平坦，相反，她的创作生涯可以说是坎坷曲折。玛格丽特·米契尔靠写作为生，没有其他任何收入，生活十分艰辛。最初，出版社根本不愿为她出版书稿，为此，她在很长一段时间里不得不为了生活而操心忧虑。但是，玛格丽特·米契尔并没有退缩。她说："尽管那个时期我很苦闷，也曾想过放弃，但是，我时常对自己说：'为什么他们不出版我的作品呢？一定是我的作品不好，所以我一定要写出更好的作品'。"

经过多年的努力，《乱世佳人》问世了，玛格丽特·米契尔为此热泪盈眶。她在接受记者采访时说："在出版《乱世佳人》之前，我曾收到各个出版社一千多封退稿信，但是，我并不气馁。退稿信的意义不在于说我的作品无法出版，而是说明我的作品还不够好，这是叫我提高能力的信号。所以，我比以前任何时候都努力，终于写出了《乱世佳人》。"

个人心理学先驱艾尔费烈德·艾德勒说："你愈不把失败当作一回事，失败愈不能把你怎么样；只要能保持个人心态的平衡，成功的可能性就愈大。"这是个很有力的建议：连失败都有正面的价值，说不定它还是上帝给予我们的奖赏呢。

美国著名电视节目主持人、畅销书《没错，你做得到！》的作者亚特·林克勒特说："我刚刚步入这个社会时所遭受的打击——在电台刚刚崭露头角时突然被解雇，正是我后来事业成功的基础。"他指出，失败可以毁灭一个人，但也能够成就一个人。对一个意志坚强的人来说，失败恰好提供他最需要的意志，就是由于失败的刺激，才把他推向成功。

人的一生实际上是在进行一场马拉松赛。人生这场马拉松赛漫长、坎坷和艰难，需要忍耐、坚持和奋斗。要在漫漫人生路上取得成就，只能靠恒心去挺、去忍、去拼搏。无论做人做事做领导，都需要一种百折不挠的精神。古希腊哲学家苏格拉底说过："逆境是磨炼人的最高学府。"巴尔扎克也说过："困难对天才是块垫脚石，对能干的人是财富，对弱者才是万丈深渊。"逆境有两重性，既可毁人，又可炼人。它能使弱者消沉而自毁，亦能使强者升华而自强。对待挫折和困难，唯有永不放弃，坚持到底，才能让自己感受到胜利的喜悦。

▶▶ 第四章　坚定目标成大事

此路不通另辟蹊径

也许有人会说，"乘桴浮于海"毕竟是一种迫不得已的选择。要不是实在没办法，是不会有人去冒这个险的。其实，所谓"冒险"只是一些人的某种"臆想"，那些选择"浮于海"的人未必就不能走得更安全、更顺畅。

有一个青年农民，他从小的理想就是当作家，为此他一直努力着。10年来，坚持每天写作500字。每写完一篇，他都改了又改，精心地加工润色，然后再充满希望地寄往各地的报纸杂志。遗憾的是，尽管他很用功，可是从来没有一篇文章得以发表，甚至连封退稿信都没有收到过。

29岁那年，他总算收到了第一封退稿信。那是一位他多年来一直坚持投稿的刊物编辑寄来的信，信里写道："看得出你是一个很努力地青年，但是我不得不遗憾地告诉你，你的知识面过于狭窄，生活经历也显得过于苍白，但我从你多年的来稿中发现，你的钢笔字越来越出色……"

就是这封退稿信，点醒了他的困惑，他毅然放弃写作，练起了钢笔书法，果然长进很快。现在他已经是有名的硬笔书法家了。

就这样，他让理想转了个弯，走向了成功。成功之后的他感叹道：一个人要想成功，理想、勇气、毅力固然重要，但更重要的是，人生路上要懂得放弃，更要懂得转弯。

有人将这种放弃与选择称之为"另起一行"。"另起一行"，就意味着放弃某种虽长期经营，但从长远来看对自己并不适合的事业，否则你就找不到属于自己的最佳位置和人生跑道。这时，不管你是情愿还是不情愿，都得忍痛割爱。

"另起一行"，换句话说，也就是重新开始，也就是从错综复杂的困境中崛起……其实我们的人生有时也像玩游戏机一样，不过，游戏玩失败了可以从头开始，难道我们走错了路或者没有找到最佳位置时，就不能另起一行吗？

有一位诺贝尔奖获得者，他的成功也缘起于"改道"。他在中学时，父母曾为他选择了文学这条道路，只上了一个学期，老师就在他的评语中下了如此结论：该生很用功，但过分拘泥，这样的人即使有着完善的品德，也绝对不可能在文学上有所成就。于是他又改学油画，谁知他既不关心构图又不会调色，对艺术的理解力也很差。后来，还是化学老师发现他做事一丝不苟，具备做化学试验应有的品格，建议他改学化学。

这一次，他智慧的火花被点燃了，其化学科成绩在同学中遥遥领先，以至于后来他获得了诺贝尔化学奖，他的名字叫奥托·瓦拉赫。

其实，人生中的有些失败，并不是因为我们努力不够，而可能只是因为我们暂时还没有找到最适合自己走的那条路。所以，当我们为了理想而努力，却在错综繁杂的人生路上迷途、碰壁的时候，要学会舍弃和转弯，并随时校正自己的理想，因为有些理想未必就不是歧路，而最适合你发展的路径，或许才是你真正的下一个理想。

虽然，这句话只是孔子的一时感叹，但也表明了他洒脱、不偏执的一面。所谓"生活在别处"，人要高于道，无论"道"是否能行，人都要有一种出路，而不能走进生活的死胡同。

其实，人生的选择是多种多样的，不一定非要一竿子插到底；学会选择，学会变化，是一种聪明之举。当不能实现自己设定的理想时，不妨选择另一条道路，也许你就会意外地发现，自己本来就可以有另外一种活法。

对待工作乐在其中

叶公向子路问孔子是怎样一个人，子路没有回答。孔子说："你为什么不告诉他，说我的为人，发奋时竟忘记吃饭，快乐时就忘记了忧愁，对自己就要老了这件事也不放在心上，如此而已。"

曾有人说："人生的最大生活价值，就是对工作有兴趣。"做同一件事，有人觉得做着很有趣，有人觉得做着毫无意义，其结果有天壤之别。

每个人对工作的好恶不同，假使能把工作趣味化、艺术化、兴趣化，就可以把工作轻松愉快地做好。一位哲人说："必须天天对工作产生新兴趣。"他所指的就是工作要趣味化、兴趣化。人生并不长，因此，最好尽量选择适合你兴趣的工作。工作合乎你的兴趣，你就不会觉得辛苦。

爱迪生一生有三千多项发明。他经常沉浸在工作中，连续几十个小时不休息，而且对吃饭问题也是极其"马虎"。但他说："在我的一生中，从未感觉在工作，一切都是对我的安慰……"

大仲马的写作速度是惊人的。他活了 68 岁，到晚年自称毕生著书 1200 部。他白天同他作品中的主人公生活在一起，晚上则与一些朋友交往、聊天。有人问他："你苦写了一天，第二天怎么仍有精神呢？"他回答说："我根本没有苦写过。""那是怎么回事呢？""我不知道，你去问一棵梅树是怎样生产梅子的吧！"看来大仲马是把写作当成了乐趣，当成了生活的全部。

所以，当我们听到有人这样抱怨"我要应付那些我不愿做的事。为什么一定要给那个讨厌的工头干活？老板一点也不了解我、信任我。"这人必定是一个消极、爱发牢骚的家伙，倘若他不能调整工作心态，只会使自己丧失上进的动力和兴趣，阻碍事业的发展。

不成功人士往往面带一种愠怒厌世的表情。他们不喜欢他们的工作和生活的世界，怀疑他们周围的人都是不诚实和愚笨的。他们把一切都看得那么黑暗，并用他们自己对生活的绝望态度和无所寄托的颓丧情绪，影响着他们周围的人。而他们所得到的，也往往是与勤奋上进、乐在其中的奋斗者们相反的结果：一事无成。

香港《快报》记者曾慧燕是一个温文尔雅、秀丽端庄的姑娘，在 1984 年 5 月 10 日香港报业公会举办的"1983 年度最佳记者评选"中，竟夺得三项"最佳记者"的金牌。她之所以能有这样的成就，还要归功于她初入报界时的正确选择。

1979 年元旦，曾慧燕移居香港。她白天上工，晚上自修英语，并开始利用工余时间写些杂感式的小文章，试着向报纸投稿。她的第一篇文章是在香港《明报》"大家谈"专栏上刊出的，这对她鼓舞很大。从此，署名曾慧燕的文章便经常出现在报端。1980 年，香港《中报》刊出招聘广告，她抱着试一下的心情将自己的简历和发表过的文章寄给《中报》。这成为她走入新闻圈的第一步。

到《中报》上班的第一天，老板给了两份工作让她挑选：一是资料员；一是校对。她认为校对工作对她今后的事业会有好处，通过这项工作，可以掌握在内地所不熟悉的知识。校对是香港报馆中地位最低的工作，工资也比资料员少 300 元。曾慧燕选择了校对。通过认真校对，积累了知识，活跃了她的思想，为她以后的成功奠定了坚实的基础。

没有人能够一辈子被人养着，不劳动却能锦衣玉食；即使能够这样，这种寄生虫式的生活也不会让他得到多少快乐和满足，成就感更无从谈起。只有真正能体验到自己工作的乐趣，并真心热爱生活的人，一生才能充满快乐和充实感，才能真正体验到生活的意义所在。

人在刚开始面对自己的人生时，无论是学习、工作还是对某个目标的追求，必然要有一个需要强迫自己适应的阶段。但只要能把勤奋上进变成习惯和常态，进而找到追求的乐趣，整个过程就会让人从内心里感到快乐满足。一旦沉浸于自己所喜欢的事情中，人们就不会对时光的飞速流逝感到遗憾和恋恋不舍，这是一条通向成功的必然途径，同时也是获得精神愉悦和满足的源泉。

君子所为谋道行道

孔子说："君子谋求学道行道，不谋求衣食。去种地，会常常挨饿；去学习，可以获得俸禄。君子担心学不成道，不能行道，不担心贫穷。"

孔子关于"谋道不谋食"、"忧道不忧贫"的主张，并不是对人的空头说教，可以说是他从自身的人生体验中总结概括出来的生活准则。纵观孔子的一生，应该说是"谋道不谋食"、"忧道不忧贫"的一生。他自己曾经说过："德之不修，学之不讲，闻义不能徙，不善不能改，是吾忧也。"此四项的内涵，足以陈述孔子当时忧天下、忧国家、忧民族、忧文化衰颓变乱的心情。饱蘸着人生甘苦浓汁，又蕴含着丰富的人生哲理，不但鞭策着他自己，孜孜不倦地追求实现自己的人生理想，也启迪着后人为国为民贡献自己的才华及热血。

千古名篇《岳阳楼记》，深刻地表达了作者"不以物喜，不以己悲"的博大情怀和"先天下之忧而忧，后天下之乐而乐"的政治抱负，也充分展现了作者崇高的人格和宽广的胸怀。

《岳阳楼记》的作者范仲淹，字希文，是唐朝宰相范履冰的后代。他的祖先原是西邠州人，后来迁往江南定居，就成了苏州人。

范仲淹刚两岁的时候，父亲便逝去了，母亲改嫁到淄州长山县朱家，他也就跟着姓了朱，名叫朱说。范仲淹在少年时代就很有志气，当他渐渐长大，知道了自己的家世的时候，深感悲苦，就流着眼泪，毅然辞别母亲，离开长山，独自前往应天府，投靠到同文的门下学习。他昼夜不停地苦读，冬天疲乏到了极点，竟用凉水浇脸，来驱除倦意。他的食物不充裕，甚至不得不靠喝粥来度日。后来范仲淹通过科举考试成为进士，被任命为广德军的司理参军，这时他把母亲接来赡养侍奉。调任集庆军节度推官后，便恢复了原来的范姓，又调移楚州粮料院作监。一参与政事，他即上书朝廷，提出一系列建议：选择贤明的人任州郡长官，举荐有成绩的人当县令，消除社会上的游散懒惰势力，裁汰冗员并取缔过度奢侈。严格选举制度，培养将帅以加强边防等。

范仲淹通晓六经，尤以《易》经为专长。很多学习儒家经典的人，都来向他请教、问业，他捧着经书为人们讲解，从来不知疲倦。他还曾经用自己的俸禄购买饭食，供给前来求学的各地游士，以致自己的孩子们衣履不整，出门时不得不轮流更换一件较好的衣衫，而范仲淹对此竟处之泰然。每当谈论起天下大事，他都慷慨激昂，当时士大夫间注意品格修养和讲究节操的风尚，正是在范仲淹的倡导下开始形成的。

天圣七年，范仲淹因上书谏请刘太后还政于宋仁宗，被迫受命离京，往河中府去做通判；后来又调到陈州做通判。自己虽由京官贬为郡官，但关心朝政、劝谏朝廷、体恤民情、勤政爱民的热望不减。那时，朝廷正从陕西征购木材，运往京师，建造太一宫和洪福院。范仲淹上奏说："不久以前，昭应宫、宁寿观接连毁于火灾，上天的惩戒过去才不久，如今又大兴土木、破费民产，这可不是顺人心、合天意的事情，应该停止修建寺观，减少平常年景征购木材的数量，以及免除民间在这方面的上贡积欠。"他又说："受到宠幸的人，不经过有关部门的任命手续，纷纷由皇宫里直接降敕授官，不是太平之象。"这些意见虽然未被采纳实行，但宋仁宗却也不得不承认范仲淹心地忠诚。

有一年闹大蝗灾、大旱灾，江南路、淮南路、京东路的灾情特别严重。范仲淹奏请朝廷，派遣大臣前往灾区巡视，没有得到答复。他就当面质问皇帝："宫廷中的人如果半日不吃饭，会怎么样呢？"宋仁宗深感震动，便派范仲淹去慰问江南路、淮南路灾区。范仲淹所到之处，开仓赈济饥民，并禁止灾民滥设祠庙祭祀天地鬼神；还奏请朝廷减免庐、舒州这一年应该上贡的折役茶，减免江南东路这一年应该缴纳的丁口盐钱；而且呈上一篇《救弊十事》的奏札，逐条论述了朝政诸弊。

范仲淹为人正直，刚正不阿，与宰相吕夷简不和，又因他屡次上书，批评朝政，惹得皇帝不高兴而将其再次贬出京城，后又调任陕西路永兴军的知军州事。对于个人的升迁去留或褒或贬，范仲淹从不计较。在新任上，他仍积极整顿军备，训练队伍，改变战略，当战则厮杀疆场；当和则加以安抚，几年工夫就使西线边防稳定了下来。

范仲淹幼时贫困，后来官至龙图阁大学士，虽然富贵起来，但没有宾客在场时，一餐仍不吃两份肉菜。妻子儿子的衣食，也是刚够吃用。然而，他喜欢将自己的钱财赠送给别人，在家乡还创置了"义庄"，用来赡养和救济那些无依无靠的本宗族的人。他待人十分亲热敦厚，并乐于替人家办好事。当时的贤士，很多是在他的指导和荐拔下成长起来的。他处理政事，最讲究忠厚二字，所到之处，多有惠民的德政。邠州和庆州的百姓，与归附宋朝的羌族人民，都画了他的肖像，给他立生祠来纪念他。待到他逝世时，各地听到噩耗的人，都深深为之叹息。羌族首领数百人聚众举哀，像死去父亲一样痛哭斋戒了三天才散去。后人在他的墓碑上铭刻"廉洁俭约，克己奉公，直言尽职，利泽生民"等语。

范仲淹正是以倡导和践行"先天下之忧而忧，后天下之乐而乐"的精神，在十一世纪的官场上树起了一座范仲淹之碑，也开拓性地注释了"谋道不谋食，忧道不忧贫"。

这种精神，即使在今天看来，也是光辉崇高的，值得我们去继承和发扬。

"谋道不谋食"、"忧道不忧贫"的实质，讲的是人生的目的、意义、理想、信念的定位问题，是人生修养的境界问题。作为君子、士人，任务就是修道，为社会、为国家效力，并依据"道"提出治国的办法。当然，修道、维护道是一个困难、曲折、复杂的过程，理想与现实经常会有差距，甚至会产生冲突。正是基于理想与现实会发生矛盾、冲突的情况，孔子提出"君子谋道不谋食"、"君子忧道不忧贫"的主张。它能赋予以道自任的君子、士人以生命力和抗争力，使真正的知识分子在挫折、颠沛之时能保持完整的人格尊严，坚持理想，弘扬精神。这，或许正是当今某些所谓的知识分子所缺少的。

计划好目标才能事半功倍

一个人必须认识到自己的时间、金钱和精力是有限的，如果不能充分利用，将是一个巨大损失。成功的人，大都能非常有效地利用时间、金钱和精力，并尽可能支配它们。他们之所以能够做到事半功倍，是因为他们总是为自己做好了计划。因此，能不能把一件事情办成功，一个很重要的因素就是看你有没有科学的计划和方案。科学的计划和方案就像是火车的轨道，有了轨道，火车就能够安全顺利地前进；没有轨道，火车将寸步难行。

科学的计划和方案又像是人的大脑，是指挥部。德国伟大的思想家歌德说过，"匆忙出门，慌忙上马，只能一事无成"，就是强调在做事情之前一定要有计划，不能鲁莽行事。高尔基说过："不知道明天干什么的人是不幸的。"所以，不仅要树立远大的理想，还要制定科学的计划和方案去实现它。

所制定的计划要具体、有时限、长短兼备。例如，你计划在五年之内创作一部反映当代青年生活的长篇小说，具体会涉及情节的安排、知识的积累、人物的塑造等。你可以把设计情节作为"第一步"，这大概需要一个月的时间。如果一个月过去了你还没有设计出来，就要反省自己。一定要督促自己按时完成计划。

另外，一件事情的计划表要根据环境和事情具体发展的情况及时修正，尽量使计划表和实际相符合，使自己能够很好地按照计划完成任务。

有这样一句发人深省的话：你今天站在哪里并不重要，但是你下一步迈向哪里却很重要。当人们站在十字路口茫然不知所措的时候，多么希望有人来指点迷津；当人们举棋不定、环顾左右而难以决断的时候，多么希望有人来助上一臂之力。

正确、合理、行之有效的计划部署能够将前进路上所花的精力减到最低限度。举一个例子来说吧。虫子都喜欢吃苹果，一天，有四只非常要好的虫子一起去森林里找苹果吃。第一只虫子跋山涉水，终于来到一株苹果树下。但它根本就不知道这是一棵苹果树，当然也不知道树上长满得红红的东西就是苹果。于是，当它看到其他虫子往上爬时，自己也就稀里糊涂地跟着往上爬。没有目的，也没有终点，更不知自己到底想要哪一种苹果，也没想过怎样去摘取苹果。最后结局呢？也许找到了一个大苹果，幸福地生活着；也可能在树叶中迷了路，过着悲惨的生活。不过可以确定的是，大部分虫子都是这样活着的，没想过什么是生命的意义，为什么而活着。

第二只虫子也爬到了苹果树下。它知道这是一棵苹果树，也确定它的"虫"生目标就是找到一个大苹果。但它并不知道大苹果会长在什么地方。它猜想：大苹果应该长在大枝叶上。于是它就慢慢地往上爬，遇到分权的时候，就选择较粗的树枝继续爬。于是它就按这个标准一直往上爬，最后终于找到了一个大苹果。这只虫子刚想高兴地扑上去大吃一顿，但是放眼一看，它发现这个大苹果是树上最小的一个，上面还有许多更大的苹果。更令它泄气的是，要是它上一次选择另外一个树枝，它就能得到一个大得多的苹果。

第三只虫子同样到了一棵苹果树下。这只虫子知道自己想要的就是大苹果，并且研制了一副望远镜。还没开始爬时就利用望远镜搜寻了一番，找到了一个很大的苹果。同时，它发现当从下往上找路时，会遇到很多分枝，有各种不同的爬法；但若从上往下找路时，却只有一种爬法。它很细心地从苹果的位置，由上往下反推至目前所处的位置，记下这条确定的路径。于是，它开始往上爬了，当遇到分权时，它一点也不慌张，因为它知道该往哪条路走，而不必跟着一大堆虫去挤破头。比如说，如果它的目标是一个名叫"教授"的苹果，那应该爬"深造"这条路；如果目标是"老板"，那应该爬"创业"这分枝。最后，这只虫子应该会有一个很好的结局，因为它已经有自己的计划。但是真实的情况往往是，因为虫子的爬行相当缓慢，当它抵达时，苹果不是被别的虫子捷足先登，就是苹果已熟透而烂掉了。

第四只虫子可不是一只普通的虫。它做事有自己的规划。它知道自己要什么苹果，也知道苹果怎么长大。因此它没忘带着望远镜观察苹果，它的目标并不是一个大苹果，而是一朵含苞待放的苹果花。它计算着自己的行程，估计当它到达的时候，这朵花正好长成一个成熟的大苹果，它就能得到自己满意的苹果。结果它如愿以偿，得到了一个又大又甜的苹果，从此过着幸福快乐的日子。

从这四只虫子吃苹果的经历，不难得出结论。第一只虫子是只毫无目标、一生盲目、没有自己虫生计划的糊涂虫，不知道自己想要什么。遗憾的是，很多人都像第一只虫子那样庸庸碌碌地活着。

　　第二只虫子虽然知道自己想要什么，但是它不知道该怎么去得到苹果，在习惯中的正确标准指导下，它做出了一些看似正确却使它渐渐远离苹果的选择，白费了许多力气。而曾几何时，正确的选择离它又是那么接近。

　　第三只虫子有非常清晰的虫生计划，也总是能做出正确的选择，但是，它的目标过于远大，而自己的行动过于缓慢，成功对它来说已经是明日黄花。机会、成功不等人。同样，人生也极其有限，必须认真把握，而单凭个人的力量，也许一生辛苦，也未必能找到自己的苹果。如果制定一个适合自己的计划，并且充分借助外界的力量，借助许许多多类似于"望远镜"之类的人，那么，人生的"苹果"也许会好吃得多。

　　第四只虫子，它不仅知道自己想要什么，也知道如何得到自己想要的苹果以及得到苹果应该需要什么条件，然后制定清晰实际的计划，在望远镜的指引下，它一步步实现了自己的理想。

　　其实，我们的人生旅程又何尝不是这样？

　　人们要想得到自己喜欢的苹果，想提升自己生存的境况，就要先从改变自己开始，作好自己的人生计划，做吃到苹果的第四只虫子。

▶▶ 第五章　藏拙隐晦不受欺 ▶▶

善于藏拙万事顺

　　有时候觉得自己什么都不怕，什么都可以做。偶尔会觉得自己有点不知天高地厚，总是把事情想象得很美妙，但又跌得很惨；也时常宽慰自己，年轻人嘛，犯错误是正常的，但是总犯错误不行，而且渐渐地也不年轻了。什么都会的天才儿童毕竟是极少数，而且天才儿童也不一定什么都能办好。要相信能人多的是，自己那点小招数，还够不上如此嚣张跋扈的。不是别人没有能耐，是别人不屑与你争。

　　面对物欲横流的世界，做人难，做一个善于藏拙的人更难，难于从躁动的情绪和欲望中稳定心态；这是一种修为，是一种对人生的理解，他必须把自己调整到以一个合理的心态去踏踏实实做人。当然这其中包含了很多值得人们好好品味的内容。

　　第一，在行为上要藏拙，"财大不可气粗，居高不可自傲"，做人不能太精明。例如：《红楼梦》中的王熙凤"机关算尽太聪明"，乐极生悲。

　　第二，在心态上要藏拙，不要锋芒毕露，不要恃才傲物，要知道谦逊是终身受益的美德。

第三，在姿态上要藏拙，"大智若愚，实乃养晦之术"，毛羽不丰时，要懂得让步；时机未成熟时，要挺住。所谓"高处不胜寒"，藏拙也未尝不是件好事。

第四，在言辞上要藏拙，说话时莫逞一时口头之利，不可伤害他人自尊，不要揭人伤疤，得意而不忘形，要知道祸从口出，没必要自惹麻烦。

藏拙，不是指低声下气，奴颜婢膝，而是指要始终把自己当成普通一分子，使自身融到大众中去，融到社会中去，不追名逐利，不自命不凡，为人处世不张扬。

没有人不期望自己有更多的朋友，没有人不期望自己得到更多尊重，没有人不期望自己成就更多事业，没有人不期望自己有更好的生活品质。

在我们的日常生活中，形形色色、各式各样的人都有，与人相处，无论是生活中还是工作中，只要你稍微有点处理不当，就很有可能招来不少麻烦。轻者，工作不愉快；重者，影响自己的职业生涯。因此，在与人相处的艺术中，藏拙相当重要，特别是在与小人的相处中，更加重要。

学会藏拙就是不要把自己的心理能量浪费在无谓的人际斗争中，即使你认为自己的能力比别人强，即使你认为自己满腹才华，也要学会保留、学会隐藏、学会克制，这是保护自己的有效手段，也是一种能量的内敛。不招人嫌、不卷进是非、不招人嫉妒、无声无息地把自己要做的事情做好，出色地完成自己的任务，永远都是最重要的事情。我们不要抱怨自己的功绩成了别人的功德，不要抱怨自己怀才不遇，不要自视清高，不要招摇过市，那是一种肤浅的行为。我们要相信：我们还有很多不懂的，不懂的比懂的多；我们同样要相信：世界上厉害的人比不如我们的人多。

作为年轻人，有冲劲，敢闯敢拼确实不错，但是什么事情都要有度，真理再向前一步就是谬论，凡事都是过犹不及，所以，我们应该时刻保持冷静，做人要藏拙。藏拙是一种境界、一种修炼。即使随波逐流，也不要成为有个性的异类。不要想着自己什么时候都是焦点、都是明星，有时候做一个无名小卒更合适。

美国开国元勋之一的富兰克林，年轻时，去一位老前辈的家中做客，昂首挺胸走进一座低矮的小茅屋，一进门，"嘭"的一声，他的额头撞在门框上，青肿了一大块。老前辈笑着出来迎接说："很痛吧？你知道吗？这是你今天来拜访我最大的收获。一个人要想洞明世事，练达人情，就必须时刻记住低头。"富兰克林记住了，也成功了。

藏拙，是一种品格、一种修养、一种胸襟、一种智慧、一种姿态、一种风度，更是一种谋略，是做人的最佳姿态。欲成事者必要宽容于人，进而为人们所接纳、所赞赏、所钦佩，这正是人能立世的根基。根基坚固，才有枝繁叶茂，硕果累累；倘若根基浅薄，便难免枝衰叶弱，不禁风雨。而藏拙就是在社会上加固立世根基的绝好谋略。藏拙，不仅可以保护自己、融入人群，与人们和谐相处，也可以让人暗蓄力量、悄然潜行，在不显山不露水中成就事业。

藏拙不仅是一种境界、一种风范，更是一种哲学。绝大多数成功者都或多或少受到过这一哲学思想的启示。

不争锋芒，越安全越好

不争锋芒，势弱先忍，势强当起，不失为做大事之人的本色。

项羽分封诸侯时，封刘邦为汉王，并拨给汉王三万兵马（原来汉王有十万兵马，现在只给三万），随同他前往汉中。在秦末起义军的众将领中，汉王刘邦毕竟是一位声望甚高，宽厚仁慈，有长者之风的人。当他前往汉中时，楚与各路诸侯中因仰慕而甘愿随从他前往汉中的，竟有数万人之多。这对于汉王来说，无疑是精神上的一大安慰。

汉王率所部人马前往汉中，所经过的路线是从杜县南，进入汉中。一是可走正南通往汉中的重要谷道，即子午谷，南端的谷口是汉中的南康县；一是可以向西到达眉县西南，走斜谷，再入褒谷。从《史记·留侯世家》"良送至褒中"的记载来看，汉王是从杜南，经汉中，然后西行到达眉县，由眉县西入斜谷，经斜谷由关中到达汉中。

在进入斜谷之前，汉王所率领的将士们一路西行。途中，这些来自东土的士卒，仰望南面那横亘东西的秦岭，远方那层峦叠翠、耸入云端的高山，听说山峦的那边便是汉中，心中顿生迷茫之感，真不知自己所要奔往的去处究竟是天下的何方，离家乡又有多远，会是怎样的一个世界。不消说，在这一段西行的路上，将士们的心情是低沉的，人人少言寡语。

到达眉县西南，大军进入斜谷，斜谷道路狭窄，几万大军一字穿行于峡谷之中，蜿蜒有十余里之长。自进入斜谷，穿越秦岭，又是一番景象。脚踏谷底的碎石，两侧是令人望而生畏的悬崖峭壁，飞鸟哀鸣，猿猴啼叫，亦是一片凄凉的气氛。唯有头顶上的那一线天空，它既给士卒们以希望，又有几分令人恐惧，但终归还是觉得自己的生路只能系在这一线天空的前方。途中，有时要行进在峭岩陡壁的栈道之上，这种栈道是在峭岩陡壁上的险绝之处，傍山岩凿出洞孔，施架横木，铺上木板，以通行人马，而栈道下面又是万丈深渊。第一次走上这种栈道的士兵，他们一般不敢往栈道下边观看。即便如此，也难免胆战心惊。

当将士们将要走出斜谷时，人们回首顾盼，都深深地出了一口长气，经受了他们跟随刘邦转战南北以来所未经受过的洗礼与考验。

至于汉王刘邦，一路上也是思绪万千。他总是用萧何的劝谏，来驱散时时袭来的无名烦恼；又幸亏有张良等人一路陪同，或指指点点，谈笑风生；或倾听张良讲述兵法，谈古论今。在部下将士们冷眼看来，他们的汉王如此神态自若，真是他们的安危和希望所系。

不争锋芒，只是一个人成大事的手段，而不是毫无进取之人的态度；偏安一隅，只是蓄势待发的准备过程，而不是苟且偷生地活着。刘邦做到了，他成功了，这也实为一个不容忽视的事实，那就是：暂且忍耐一时，自然会风光一世。

人外有人，天外有天，只有虚心接受别人的意见，时刻学习的人才能获得更多的知识，才会受到别人的尊重；反之，自以为是、目空一切的人，别人便会敬而远之。不管你的目标是什么，如果你要想获得成功，谦虚都是你必不可少的条件。

忍耐是一笔宝贵财富

"小不忍则乱大谋"，这句话在民间极为流行，甚至成为一些人用以告诫自己的座右铭。的确，这句话包含有智慧的因素，有志向、有理想的人，不会斤斤计较个人得失，更不应在小事上纠缠不清，而应有广阔的胸襟，远大的抱负。只有如此，才能成就大事，从而达到自己的目标。

"小不忍则乱大谋"，很有些阴谋哲学的味道，其核心就是一个"忍"字。所谓"心字头上一把刀，遇事能忍祸自消。"所谓"忍得一时之气，免却百日之忧"。

那么，到底要忍什么？

苏轼在《留侯论》中说："忍小忿而就大谋。"这是忍匹夫之勇，以免莽撞闯祸而败坏大事。

忍小利而图大业。这是"毋见小利。见小利，则大事不成。"

忍辱负重。勾践忍不得会稽之耻，怎能卧薪尝胆，兴越灭吴？韩信受不得胯下之辱，哪能做得了淮阴侯？

因此，在中国传统的观念里，忍耐也是一种美德。这一观点尽管与现代这种竞争社会不合拍，但是，很多学者已经发现，中国传统文化里有些东西并没有过时，相反，其中的学问博大精深，如果运用于现代人的生活，必将使人们受益匪浅。其中，忍耐就大有学问，忍耐包括很多种。当与人发生矛盾的时候，忍耐可以化干戈为玉帛，这种忍耐无疑是一种大智慧。

唐代著名高僧寒山问拾得和尚："今有人侮我，冷笑我，藐视我，毁我谤我，嫌我伤我，憎我恨我，则奈何？"拾得和尚说："子但忍受之，依他，让他，敬他，避他，苦苦耐他，装聋作哑，漠然置他，冷眼观之，看他如何结局？"这种忍耐里透着的是智慧和勇气。

人生不可能总是风调雨顺，当遇到不如意、不痛快，甚至是灾难时，一个人的忍耐力往往就能发挥出奇制胜的作用。很多时候，因为小事情忍不住，而坏了大事，这是得不偿失的。

三国时，诸葛亮辅佐刘备在祁山攻打司马懿，可司马懿就是不出来应战。诸葛亮用尽了一切手段，极尽所能地侮辱司马懿，但司马懿对诸葛亮的侮辱总是置之不理。总之，司马懿就是不出来与诸葛亮交锋。等到诸葛亮的粮食吃完了，不得不退兵回蜀国，战争就这样结束了。诸葛亮六次出兵祁山，每次都是无功而返。司马懿之所以不战而胜，就是因为一个"忍"。

与别人发生误会时的忍耐，那只是一时的容忍，比较容易做到。难得的是在漫长时间里，忍受着各种各样的折磨，而只为完成心中的理想。这种忍耐力是难能可贵的，但也是做人最应该拥有的一种能力。

人们常说，心字头上一把刀。这把刀，让你痛，也会让你痛定思痛；这把刀，可以削平你的锐气，也可以雕琢出你的勇气。小不忍则乱大谋。只要我们仍然身处在种种算计和争斗里，有些纷扰就永远不会结束。

有人说，忍耐就是一种妥协。其实，妥协不是简单地让步，而是在知己知彼的基础上达成的一种共识。不管是生活，还是工作，妥协都不仅仅是为了"家和万事兴"、"安定团结"，而且还隐藏着一种坚持，这种坚持实际上就是一种坚定的决心。

大庭广众之中，众目睽睽之下，如果互相谩骂攻击，不仅有伤风化，使你斯文扫地，还破坏了社会的文明形象。当然，有时要做到忍，也的确不易。虽然忍耐是让人痛苦的，但最后的结果却是甜蜜的。因此，遇事要冷静，要先考虑一下后果，本着息事宁人的态度去化解矛盾，我们就不至于为了一些鸡毛蒜皮的小事而纠缠不清，更不会使矛盾升级扩大。

人，贵在能屈能伸。伸，很容易，但屈就很难了，这需要有非凡的忍耐力才行。只要这个人真正有智慧、有才干，不管他忍耐多久，终究会有出头之日，而且他的忍耐力反而会更加富有魅力和内涵。

人生很多时候都需要忍耐，忍耐误解、忍耐寂寞、忍耐贫穷、忍耐失败。持久的忍耐力体现着一个人能屈能伸的胸怀。人生总有低谷，有巅峰。只有那些在低谷中还能坦然处之的人，才是真正有智慧的人。走过低谷，前面就是广阔的天空。回过头来，那些在低谷里忍耐的日子，那些在苦难中挣扎的日子，那些在寂寞里执着奋斗的日子，都会显得弥足珍贵。

咽下一口气问题自然解决

一句美好的语言也许并不能化坚冰为温泉；假如你想引起一场令人至死难忘的怨恨，或许只要发表一点尖刻的批评即可。

人与人之间经常会产生矛盾，有的是因为认识的水平不同；有的是因为对对方不了解；有的是原本有某些偏见和误解。如果你有较大的度量，以谅解的态度对待别人，忍住最容易爆发的激动情绪，这样你就可能赢得时间，矛盾也可能得到缓和。

爱因斯坦是全世界都尊敬的人，他是全球数学、物理方面无可争议的专家。这位创造相对论和原子理论的人，竟然也咽下过一口"气"。有一天，他上汽车后。正想一个问题，数错了钱。售票员大声讽刺他："你这么大个人，会不会算数呀！"爱因斯坦一笑置之："不会就不会吧！"

社交过程中，由于偏见和误解常常会使一方伤害另一方。假设另一方耿耿于怀，那关系就无法融洽。如果受伤害的一方有很大的度量，不念旧恶，那会使原先持偏见者感情受到震动。

　　度量问题不是个无关紧要的小问题。度量如海还是度量如杯，在重要关头，它就可以关系到事业的成败。为一点小事斤斤计较，争吵不休，既伤害了感情，影响了友谊，也无益于你成大事，结果不是双赢而是两败。因此，捐弃个人成见，不在社交场合为区区小利争斗，不为炫耀自己而去贬低他人，发扬一点忍让精神，对许多事情进行"冷处理"，摆脱相互之间无原则的纠缠和不必要的争执，不计较一切无关大局的小事……那么，你的风度将会获得社交场合中众人的青睐，你的事业也会如虎添翼，收到双赢的效果。

　　有位爱尔兰人名叫欧·哈里，上过卡耐基的课。他受的教育不多，可是很爱抬杠。他当过人家的汽车司机，后来因为推销卡车不顺利，来求助于卡耐基。听了几个简单的问题，卡耐基就发现他老是跟顾客争辩。如果对方挑剔他的车子，他立刻会涨红脸大声强辩。欧·哈里承认，他在口头上赢得了不少的辩论，但没能赢得顾客。他后来对卡耐基说："在走出人家的办公室时我总是对自己说，我总算整了那混蛋一次。我的确整了他一次，可是我什么都没能卖给他。"

　　所以，卡耐基的难题是如何训练欧·哈里自制，避免争强好胜。欧·哈里后来成了纽约怀德汽车公司的明星推销员。他是怎么成大事的？这是他的说法："如果我现在走进顾客的办公室，而对方说：'什么？怀德卡车？不好！你白送我我都不要，我要的是何赛的卡车。'我会说：'老兄，何赛的货色的确不错，买他们的卡车绝错不了，何赛的车是优良产品。'

　　"这样他就无话可说了，没有抬杠的余地。如果他说何赛的车子最好，我说没错，他只有住嘴了。他总不能在我同意他的看法后，还说一下午的何赛车子最好。我们接着不再谈何赛，我就开始介绍怀德的优点。

"当年若是听到他那种话，我早就气得脸一阵红、一阵白了——我就会挑何赛的毛病，而我越挑剔别的车子不好，对方就越说它好。争辩越激烈，对方就越喜欢我竞争对手的产品。

"现在回忆起来，真不知道过去是怎么干推销的！以往我花了不少时间在抬杠上，现在我守口如瓶了，果然有效。"

正如明智的本杰明·富兰克林所说的："如果你老是抬杠、反驳，也许偶尔能获胜，但那只是空洞的胜利，因为你永远都得不到对方的好感。"

你自己要衡量一下，你是宁愿要一种字面上的、表面上的胜利，还是要别人对你的好感？你可能有理，但要想在争论中改变别人的主意，一切都是徒劳。那就不妨试试先咽下一口气再说。

要懂得适可而止

任何事情都不是孤立的，环境适应了，它就会生长。修道也不是空行的，遇到缘分就能适应。

在生活悲欢离合、喜怒哀乐的起承转合过程中，人应随时随地、恰如其分地选择适合自己的位置。中国人说："贵在时中！"时就是随时，中就是中和，所谓时中，就是顺时而变，恰到好处。正如孟子所说的："可以仕则仕，可以止则止，可以久则久，可以速则速。"鉴于人的情感和欲望常常盲目变化的特点，讲究时中，就是要注意适可而止，见好就收。一个人是否成熟的标志之一是看他会不会退而求其次。退而求其次并不是懦弱畏难。当人生进程的某一方面遇到难以逾越的阻碍时，善于权变通达，心情愉快地选择一个更适合自己的目标去追求，这事实上也是一种进取，是一种更踏实可行的以退为进。古人说："力能则进，否则退，量力而行。"自不量力是做人的大敌。当一个人在一种境地中感到力不从心的时候，退一步反而海阔天空。

一个聪明的女人懂得适度地打扮自己，一个成熟的男子知道恰当地表现自己。美酒饮到微醉处，好花看到半开时。明人许相卿说："富贵怕见花开。"此语殊有意味。言已开则谢，适可喜正可惧。做人要有一种自惕惕人的心情，得意时莫忘回头，着手处当留余步。此所谓"知足常足，终身不辱，知止常止，终身不齿"。宋人李若拙因仕海沉浮，作《五知先生传》，谓做人当知时、知难、知命、知退、知足，时人以为智见，反其道而行，结果必适得其反。

君子好名，小人爱利，人一旦为名利驱使，往往身不由己，只知进，不知退。尤其在中国古代的政治生活中，不懂得适可而止，见好便收，无疑是临渊纵马。中国的君王，大多数可与同患，难与处安。所以做臣子的在大名之下，往往难以久安。故老子早就有言在先："功名，名遂，身退。"范蠡乘舟浮海，得以善终；文种不听劝告，饮剑自尽。此二人，足以令中国历史臣宦者为戒。不过，人的不幸往往就是"不识庐山真面目"。

与人相交，不论是同性知己还是异性朋友，都要有适可而止的心情。君子之交淡如水，既可避免势尽人疏、利尽人散的结局，同时友谊也只有在平淡中方能见出真情。越是形影不离的朋友越容易反目为仇。因此，古人告诫说："受恩深处宜先退，得意浓时便可休。"即使是恩爱夫妻，天长日久的耳鬓厮磨，也会有爱老情衰的一天。北宋词人秦少游所谓"两情若是久长时，又岂在朝朝暮暮"，这不只是劳燕两地的分居夫妻之心理安慰，更应为终日厮守的男女情侣之醒世忠告。

古人言："乐不可及，极乐成哀；欲不可纵，纵欲成灾。"乐极生悲一语在中国几乎妇孺皆知，但一般人对它的理解，往往是一个因快乐过度而忘乎所以、头脑发热、举止失矩，结果不慎发生意外，惹祸上身，化喜为悲。凡读过王羲之的《兰亭集序》，大致上可以领悟乐极生悲的含义。在崇山峻岭、茂林修竹的雅致环境里，众贤毕至，高朋会聚，曲水流觞，咏叙幽情，这是何等快乐！王羲之欣然记道："是日也，天气朗晴，惠风和畅。仰观宇宙之大，俯察品类之盛，所以游目骋怀，足以极视听之娱，信可乐也。"但是，就在"怡然自足，不知老之将至"之时，突然使人产生了万物"修短随化，终期于尽"的悲哀，于是情绪一转，"及其所之既倦，情随事迁，感慨系之矣！向之所欣，俯仰之间，已为陈迹，犹不能不以之兴怀"。这是真正的乐极生悲。类似的心情变化可以在苏东坡的《前赤壁赋》中进一步印证。苏东坡与客泛舟江上，"饮酒乐甚，扣舷而歌"，这本来是很快活的，偏偏乐极生悲，"客有吹洞箫者，倚歌而和之"，其声偏偏又呜呜然。"如怨如慕，如泣如诉"，这八个字真是把一个人由乐转悲之后的难言心境写绝。饮酒本是一件乐事，但多愁善感的人饮酒，往往会见物生情，情到深处反添恨。正如司马迁所说："酒极则乱，乐极则悲，万事尽然。"

乐极生悲概括地讲，是一个人对生命的热爱和留恋而生出的惘然和悲哀，详情而言，是一个人对生活中好花不常开，好景难常在的无奈和怅怀。人的情绪很难停驻在一种静止的状态，人对世事盛衰兴亡的更替习以为常之后，心境喜怒哀乐的轮回变换也成了自然，人在纵情寻乐之后，随之而来的往往是莫名其妙的空虚伤怀，推之不去避之不开，因为欢乐和惆怅本来就首尾并列。所以庄子在"欣欣然而乐"之后感叹："乐未毕也，哀又继之"。人只有在生命的愉悦中才能体会真正的悲哀。所以，真正的丧亲之痛，不在丧亲之时，而在合家欢宴，或睹旧物思亡人的那一瞬间。人在悲中不知悲，痛定思痛是真痛。

任何人不可能一生总是春风得意。人生最风光、最美妙的往往是最短暂的。俗言道："花无百日红，人无千日好。"就像搓牌一样，一个人不能总是得手，一副好牌之后往往就是坏牌的开始。所以，见好就收便是最大的赢家。世故如此，人情也是一样。

中篇　做事

踏实精明百事成

一个人的成功在于他做事的方式。谁都想事业发达、家庭美满，谁都想办事顺利，游刃有余，但是只有那些踏实精明而会做事的人才能实现自己的愿望。纵观成功者和失败者的一个很大区别，就在于是否懂得做事之道。因此，做事看似简单，却蕴含着深厚的成功道理，不得不仔细思量。

▶▶ 第六章　持之以恒定成功 ▶▶

千里之行始于足下

有一句流传甚广的格言："罗马不是一天建成的。"这句话和东方的"千里之行，始于足下"表达的是同样的意思。我们也可以这样理解这句话，即使是最优秀的选手，如果只是以旁观者的身份出现，那么他的名字永远爬不到比赛的记分板上。

成功的人大都有雷厉风行的性格，也是自我策划的高手。当其他人在原地踏步时，他们早已奋勇前行，"两岸猿声啼不住，轻舟已过万重山"，建立起了自己的事业王国。他们的成功既源于正确的策划，更在于策划之后的实际行动。因为只有去做，策划才能落在实处。

成功不会降临在一个只会空想的人身上。

哈同，1872 年来到中国上海谋生，当时他 24 岁，年轻力壮，但身上除了穿着外，几乎一无所有。他立志来中国赚钱发财，但自己一无资本，二无专业知识和技术。他决心从一个立足点开始，因自己身材魁梧，便在一家洋行找到一份看门工作。

哈同在当看门工时，非常认真，忠于职守。晚间，他利用一切可用时间阅读各种经济和财务的书籍，知识增长很快。老板觉得此人工作出色，脑子灵活，把他调到业务部门当办事员。哈同一如既往，工作业绩不错，逐步被提升为行务员、大班等。这时，他的收入大为增加了。胸怀壮志的他，并没有因此而知足。他认为自己创业时机到了，1901年，他离开了打工岗位，开始独自经营商行。

哈同给自办的商行取名为"哈同洋行"，为了赚取更多的钱，他看准了洋货市场。因洋货在中国市场上竞争品不多，消费者难以"货比三家"，因此，他的经营获得了高额的利润，市场不觉间也扩大了。

几年间，他赚了许多钱。随着资本的增多，哈同没有放缓自己的脚步，开始经营起买卖土地和放高利贷业务。另外，他自己也投资建造楼房供出租，从中获取惊人的利润。就这样，他成了大富豪。

巨商大多是白手起家，刚刚从业时一般多从事最底层的工作。他们的一大共性是都能将平凡的工作干得出色进而走向成功。

洛克菲勒16岁开始为一个小商人做会计助理，因工作有条不紊、精细认真深受老板赏识；钻石大王彼德森16岁到一家珠宝店当学徒，敲敲打打一丝不苟，仅5个月手艺就得到师傅的认可；股市超人约瑟夫·贺希哈从14岁到17岁伏案画股票行情图，一画就是三年。类似的事例还有很多。

"别想一下就造出大海，必须先由小河川开始"。反观某些人，不屑于做小事只想做大事，结果不仅缺乏根基，而且信心屡屡受挫。

一个人如果想成就自己的梦想，聪明才智、缜密策划固不可少。可是只有把在脑子的影像用行动展现出来的时候，他才可能"笑傲江湖"。

记住一句话：旁观者的姓名永远爬不到比赛的计分板上。

迅速地做出决定

公元前 49 年，恺撒在拉芬纳获悉政敌说服罗马元老院意欲将他放逐，他立即率领手下的军队抵达卢比孔河畔。卢比孔河是恺撒拥有军事指挥权的高卢与罗马本土间的界河，恺撒如果领军渡过此河，就违反了罗马的法律，意味着对罗马宣战，结果无法预料。他停了片刻便心意已决，高喊："骰子已经掷出了！"便率军渡过卢比孔河进入了罗马。结果罗马民众欢迎他这位归来的英雄，他的政敌也逃窜远方。就是因为这一勇敢的决定，世界历史随之而改变。

获得成功的最有力的办法，是排除一切干扰因素，迅速做出该怎么做一件事的决定。而且一旦做出决定，就不要再继续犹豫不决，以免使我们的决定受到影响。有的时候犹豫就意味着失去。实际上，一个人如果总是优柔寡断、犹豫不决或者总在毫无意义地思考自己的选择，一旦有了新的情况就轻易改变自己的决定，这样的人成就不了任何事！消极的人没有必胜的信念，也不会有人信任他们。自信积极的人就不一样，他们是世界的主宰。

当有人问亚历山大大帝靠什么征服世界的时候，他回答说："是坚定不移。"

在一个深夜，满载乘客的斯蒂文·惠特尼号轮船在爱尔兰撞上了悬崖，船在悬崖边停留了一会儿。有些乘客迅速地跳到了岩石上，于是他们获救了；而那些迟疑害怕的乘客被打回来的海浪卷走，永远被海浪吞没了。优柔寡断的人常因犹豫不决、缺乏果断而失去成功的可能。生活中好的机会往往很不容易到来，而且经常会很快地消失。约翰·夫斯特说："优柔寡断的人从来不是属于他们自己，他们属于任何可以控制他们的事物。一件又一件的事总在他犹豫不决时打断了他，就好像小树枝在河边漂浮，被波浪一次次推动着，卷入一些小漩涡。"

　　历史上有影响的人物都是能果断做出重大决策的人。一个人如果总是优柔寡断，在两种观点中游移不定，或者不知道该选择两件事物中的哪一件，这样的人将不能很好地把握自己的命运。他生来就属于别人，只是一颗围着别人转的小卫星。果断敏锐的人绝不会坐等好的条件，他们会最大限度地利用已有的条件，迅速采取正确的行动。

只要去做，没有不可能

　　"Nothing is Impossible！"这是一句广告语，但是其意义远远超过广告本身。每当巨大的广告牌映入眼帘，人们都会情不自禁地放慢脚步，并对自己喃喃地念一遍：Nothing is Impossible，然后，阔步前进。这句话仿佛是句咒语，是句能够补充力量和勇气的咒语。"没有不可能"，就是令人神往的种种"可能"。

　　谈到"不可能"这个观念，不禁想起成功学家拿破仑·希尔使用的奇特方法。年轻的时候，他抱着成为一名作家的理想，为实现这个梦想，他知道自己必须精于遣词造句，而词典就是他的工具。但是，由于家境贫穷，希尔接受的教育并不完整，因此，善意的朋友就告诉他，说他的雄心是"不可能"实现的。

　　年轻的希尔并没有放弃，反而更加立志实现雄心壮志，他存钱买了一本最好、最完整、最漂亮的词典，他所需要的词都在这本词典里面，而他立志要完全了解、掌握和运用这些词。但是他首先却做了一件非常奇特的事情，他找到"不可能"（impossible）这个词，用小剪刀把它剪下来，然后丢掉。于是他有了一本没有"不可能"的词典。此后，他把所有的事都建立在这个前提下。对一个渴望成功、想超越别人的人来说，没有什么事是"不可能"的。

当然，并非建议你也从你的词典中把"不可能"这三个字剪掉，只是建议你从你的头脑中把这个观念铲除掉。谈话中不要提到它，想法中要排除它，态度中要去除掉它。无情地抛弃"不可能"，不再为它提供各种理由，不要再为它寻找种种借口。把这个词和这个观念永远抛开，用光明灿烂的"可能"（possible）来代替它。而"可能"这个词的意思也就是——你认为你行，你就行。

impossible 是"不可能"的意思，但是世间没有绝对的"不可能"，只要你认真去做，那么 impossible（不可能）就会变成 I'm possible（我是可能的）。千万不要简单地看待它，它将扭转一切"不可能"为"可能"，它会将山重水复变成柳暗花明，只要你主观上去努力、去实现，没有什么不可能。

1986 年，在墨西哥奥运会的百米赛道上，美国选手吉·海因一举突破了百米 10 秒大关，创造了当时人们认为不可能的 9.9 秒的世界纪录。这时，吉·海因说了一句话，"上帝啊，那扇门原来是虚掩着的！"只要你愿意，一定有一扇门随时为你打开，只要你努力去做，你就一定能把那扇门打开。

当拳王阿里第一次走入拳击栏，瘦弱的他令观众认为不出五个回合就会被打趴下。然而，就是这个不起眼的年轻人，在一生 61 场比赛中，创造了56胜5负的拳坛神话，成为拳击史上第一位三度夺得世界重量级冠军、获得"20世纪最伟大运动员"荣誉的拳王。他说过一句话："'不可能'只是别人的观点，是挑战，绝非永远。"

许多人喜欢在还没有做一件事之前就先给自己下结论，"做不到"、"不可能"、"没办法"……如果爱迪生觉得"不可能"，怎么能成为发明大王？如果莱特兄弟觉得"不可能"，怎么能发明了飞机？如果杨致远觉得"不可能"，怎么能创立了雅虎？……

完成不可能的超越，才是最华彩的生命乐章。男人如此，女人亦如此；富人如此，穷人更是如此。一个成功者的一生，必定是与风险和艰难拼搏的一生。许多事情看似不可能，其实只是功夫未到。

试试单刀直入的行为方式

琼斯大学毕业后如愿考入当地的《明星报》任记者。这天，上司交给他一个任务：采访大法官布兰代斯。

第一次接到重要任务，琼斯不是欣喜若狂，而是愁眉苦脸。他想自己任职的报纸又不是一流大报，自己也只是一名刚刚出道、名不见经传的小记者，大法官布兰代斯怎么会接受他的采访呢？

同事史蒂芬获悉他的苦恼后，拍拍他的肩膀，说："我很理解你。让我来打个比方——这就好比躲在阴暗的房子里想象外面的阳光多么炽烈。其实，最简单有效的办法就是往外跨出一步。"说着，他拿起桌上的电话，查询布兰代斯的电话。很快，他与大法官的秘书通上话，他直截了当地说："我是《明星报》记者琼斯，奉命访问法官，不知他今天能否接见我？"

琼斯在一旁吓了一跳。

史蒂芬一边接电话，一边不忘抽空向琼斯扮鬼脸。接着，琼斯听到了他的答话："谢谢你。明天 1 点 15 分，我准时到。"

"瞧，直接向人说出你的想法，不就管用了吗？"史蒂芬向琼斯扬扬话筒，"明天中午 1 点 15 分，你的约会定好了。"

琼斯面色放缓，似有所悟。

多年后，羞怯的琼斯已成为《明星报》的著名记者。回忆此事，他仍觉得刻骨铭心："从那时起，我学会了单刀直入的办法，做来不易，但很有用。而且，第一次克服了心中的畏怯，下一次就容易多了。"

有时人善于在想象中把困难放大一百倍，事实上，一切困难就像纸老虎，只是看似可怕。走出了第一步，你就会发现那些麻烦与困难只是自己在吓自己而已。只要勇于尝试、坚持努力，没有完不成的任务。

馅饼不是等来的

要知道天上不会凭空掉下一个馅饼来，即使掉下来了，也不一定恰好落到你的头上。所以要获得"好运"，就要发挥主动性，寻找到"馅饼"的落点，稳稳地接住它。

一个朋友曾讲过他和妻子的故事：

我和妻子离家的时候，家乡的情况很不好，但是我们发现新地方的情况也不好，这里有许多像我一样的人，没有合适的工作岗位。我在家乡受过良好教育，成绩优秀，获得了行医执照。但在这里我谁也不认识，根本不能指望病人找我看病。去医院求职更无望，因为从医学院毕业的高才生都很难在医院找到工作，当然别指望他们给我留个职位。我和妻子都很着急，我们有一点儿钱，可撑不了多久。但是，枯坐着干搓手无济于事。由于找不到工作，我们决定到乡下看一看。我们买了一辆旧车，开始上路。我们在旅途中的所见所闻令人高兴。乡下的情况比城里好，妻子说：为什么不当一名乡村医生呢？

我对她说："别心血来潮了，人们都对外地人存有戒心，我的口音这么重，怎能指望在这种地方做医生呢？再说，你一定清楚，每个镇子都有医生。"

可是，只要妻子有了想法，再劝说也没用。从那时起，每当我们停车休息，她都会对路过的人说：这个镇子需要医生吗？

当然，人们都以为她很怪，回答说不需要。我求她别问了，我说："求求你，这太让人难堪了。"可是她毫不在意。她是必须有事可做的女人，要不然就不高兴。后来我甚至讨厌停车，因为人一靠近，她马上就会问：你们这儿需要医生吗？

几周后，妻子也有些灰心。一天，我们正在开车，我说："别说那些废话了。"她说："或许你是对的。"说完我们停下来休息。这时妻子与身边的人搭话。我还没来得及阻止她，她已经又提出那个老问题。让我惊讶的是，一个男人伸出头来说："你提这个问题，太有意思了。我们那个地方的老医师两天前刚得病死去，我们正想着尽快从外面请个医师来呢。"

妻子对我说："你看，机会来了！"于是，我们到这里跟当地人谈了谈，就开起了诊所。打那以后，一切都很顺利。我们交了许多朋友，再也不想搬家了。

馅饼不会从天上掉下来，等是永远等不来的，实干才是获得它们的最快途径。实际上，只要你下定决心，不要消极等待，而是积极地面对，主动出击，虽然可能会遭遇失败，但终究会抓到机会，交上好运。

▶▶ 第七章 敢于尝试机会来

胆子太小成不了事

有一天，园艺师向社长井植岁男请教说："社长先生，我看您的事业愈做愈大，而我像树上的一只蝉，一生都在树上，太没出息了。请您告诉我一点创业的秘诀吧！"

井植点点头说："好吧，我看你很适合做园艺方面的事情。这样吧，我工厂旁边有2万坪（1坪约等于3.3平方米）空地，我们就种树苗吧！一棵树苗多少钱？"

"40元。"

井植又说："好！以一坪地种两棵计算，扣除道路，2万坪地大约可以种2.5万棵，树苗成本刚好100万元。3年后，一棵树苗可以卖多少钱？"

"大约300元。"

"那么，100万元的树苗成本与肥料费都由我来支付。你就负责浇水、除草和施肥工作。3年后，我们就有600万元的利润，那时我们一人一半。"井植岁男认真地说。

不料园艺师却拒绝道："哇！我不敢做那么大的生意，我看还是算了吧！"

要成功，必须要有胆量。否则，机会到来的时候，却畏首畏尾，不愿意去尝试，白白丧失了成功女神的青睐。人生大的机遇不多，失去了就再也不会回来，年轻人在机遇面前，不妨去闯一下，因为失败了，我们还有东山再起的资本——青春。

1945 年春天，美国费城的一位乡村农场主皮特要求在费城最大的报纸上刊登他的农场报道。记者以为皮特的生意一定很红火，赶到农场却大吃一惊，原来皮特根本不知道自己在干什么。皮特听人说加工牛奶非常赚钱，就花了 500 万美元购置了机器，结果损失严重。皮特走投无路，想让记者为他做做文章，看看谁还能跟他一起生产牛奶。记者拒绝了他的请求。

当时人人都认为皮特是在胡来。可谁也想不到，皮特又不知从哪里听说加工牛奶的机器也可以生产氨基酸。皮特又冒着风险转向了氨基酸的生产。其实皮特同样不懂氨基酸，但他却为此再次贷款了 200 万美元。

人们都觉得皮特做事不太谨慎。果然，皮特的生产再次受到重挫，整个农场也垮了下来。正在大家为皮特叹息时，一个商人跑来，要与皮特合作。所谓的合作，就是要皮特的一半利润，条件是帮着皮特推销产品，对方推销不出去，皮特也要付给对方相应的报酬。

人人都认为这是一个骗局，太不平等了，劝说皮特不要上当。可是皮特却又接受了这个近乎荒唐的合作。这次记者来了，将皮特如此鲁莽的行为报道了出去，大家都笑皮特胆子太大——这哪是办企业？明明是在砸锅卖铁!

但谁也没有想到,皮特的命运却从此改变,他的产品迅速铺向全美。在短短 3 年中,皮特竟然成了亿万富翁、全美最大的氨基酸厂商!后来,皮特又转向了房地产开发,接手了一项谁都认为没有利润可赚的老年公寓。可没想到 5 年后,正赶上全美老龄化的高峰,费城也是一样,皮特的老年公寓大受欢迎,价格猛涨,让皮特不但狠狠赚了一把,还由此成为最走红的房地产经销商。

皮特的财富神话当然有很多幸运的成分,但纵观古往今来的成功者,不仅有非凡的智慧,更有过人的胆识,才能披荆斩棘,登上强者之林。大胆,可谓他们的成功之基!

发财需要一定的胆识。因为但凡天下大事,必须要有胆量才能做得起,撑得住。研究表明,许多的能人、精明人,为了成就事业,长年学习和要去掌握的都是围绕着如何提高胆识的学问。胆量,才是承受生活中一切艰辛、做成一切事业的根基。

丢掉你的顾虑

1986 年,一位中国留学生去应聘做一位著名教授的助教。这是一个难得的机会,收入丰厚,又不影响学习,还能接触到最新科技资讯,但当他赶到报名处时,那里已挤满了人。

经过筛选,取得考试资格的各国学生有三十多人,成功希望实在渺茫。考试前几天,其他几位中国留学生使尽浑身解数,打探教授的情况。几经周折,他们终于打探到一个消息——教授曾在朝鲜战场上当过中国人的俘虏!其他几个中国留学生认为教授必定记恨中国人,全死心了,纷纷宣告退出:"把时间花在不可能的事上,再愚蠢不过了!"

这位留学生的一个好朋友劝他:"算了吧!把精力匀出来,多涮几个盘子,挣点儿学费!"但他没听,而是如期参加了考试。最后,他坐在教授面前。教授考问许久,最后给他一个肯定的答复:"OK!就是你了!"接着又微笑着说,"你知道我为什么录取你吗?"年轻的留学生诚实地摇摇头。"其实你在所有应试者中并不是最好的,但你不像你的那些同学,他们看起来很聪明,其实再愚蠢不过。你们是为我工作,只要能给我当好助手就行了,还顾虑几十年前的事干什么?我很欣赏你的勇气,这就是我录取你的原因!"

后来,这个年轻的留学生了解到,教授当年是做过中国军队的俘虏,但中国士兵对他很好,根本没有为难他,他至今还念念不忘。

这个留学生就是吴鹰——UT斯达康公司的中国区总裁,《亚洲之星》评出的最有影响力的50位亚洲人之一。

许多人的脑子太复杂,总爱自作聪明,认为机遇总是属于那些最聪明、最优秀的人,而不会降临到自己身上,因此轻易地放弃了机遇,他们往往还没有走到挑战的边缘就从心理上败下阵来。不如想得简单一些,丢掉你的顾虑,尝试一下再说。

多尝尝"第一个果子"的滋味

跟在别人后面,只能捡到人家丢剩的果子。不要害怕"第一次",无论成败,第一次的滋味一定让你终生难忘,更重要的是,"第一次"是开启你人生成功大门的金钥匙。

1904年,上海著名的手工裁缝王兴昌,成功地缝制了中国第一套西装。这套西装是刚从日本归国的徐锡麟定做的。要知道，王兴昌是在连着做坏了好几件西装之后，才成功地缝制出了中国第一套西装，成为国内第一个做西装的裁缝师傅的。

1903年文坛勇士章炳麟（章太炎）在北京顺天时报上，刊登了中国第一则征婚启事。那时还是光绪二十九年，这则破天荒的启事成了那年头惊世骇俗的大事。这一创举立即被时人当作旷世奇闻，也开了中国风气之先河。

1929年3月，国际联盟在日内瓦召开第一次裁军大会。当时中国新任驻德公使蒋作宾奉命出席会议。按照当时的国际惯例，大会只使用英语和法语发言。蒋作宾却力排众议，破例用汉语发言。与会者大吃一惊，因为他们头一回在国际会议上听到汉语。为此，人们对中国代表不得不刮目相看。事后，蒋作宾感慨地说："望吾同胞勿自暴自弃而馁也。"

第一个果子究竟是什么滋味，唯有亲口尝过的人才有切身的体会。每个人都应该明白这样一个道理：不论酸辣苦甜，没有千千万万个敢尝第一个果子的人，便没有我们今天的文明。勇于向未知发起挑战，你就可能是成功的人！

野心是所有奇迹的萌发点

如果你现在没有成功、没有地位、没有财富，这无关紧要。只要你有野心，有把野心贯彻到底的智慧、毅力和勤奋，那么你站在金字塔塔顶的时刻便会指日可待。

巴拉昂是一位年轻的媒体大亨，从推销装饰肖像画起家，在不到十年的时间里，迅速跻身于法国50大富翁之列。1998年他因前列腺癌在法国博比尼亚医院去世。临终前，他留下遗嘱，把他46亿法郎的股份捐献给博比尼亚医院，用于前列腺癌防治的研究，另有100万法郎作为奖金，奖给揭开贫穷之谜的人。

巴拉昂去世后，法国《科西嘉人报》刊登了他的这份遗嘱。他说，我曾是一个穷人，去世时却是以一个富人的身份走进天堂的。在跨入天堂的门槛之前，我不想把我成为富人的秘诀带走，现在秘诀就锁在法兰西中央银行我的一个私人保险箱内，保险箱的三把钥匙在我的律师和两位代理人手中。谁若能通过回答穷人最缺少的是什么而猜中我的秘诀，他将会得到我的祝贺。当然，那时我已无法从墓穴中伸出双手为他的睿智而欢呼，但是他可以从那只保险箱里荣幸地拿走100万法郎，那就是我给予他的掌声。

遗嘱刊出之后，《科西嘉人报》收到大量的信件，有的骂巴拉昂疯了，有的说《科西嘉人报》为提升发行量在炒作，但是更多的人还是寄来了自己的答案。

绝大部分人认为，穷人最缺少的是金钱。还有一部分人认为，穷人最缺少的是机会，一些人之所以穷，就是因为没遇到好时机，股票疯涨前没有买进，股票疯涨后没有抛出，总之，穷人都穷在背时上。另一部分人认为，穷人最缺少的是技能，现在能迅速致富的都是有一技之长的人。还有的人认为，穷人最缺少的是帮助和关爱。另外，还有其他一些答案，五花八门，应有尽有。

巴拉昂逝世周年纪念日，律师和代理人按巴拉昂生前的交代在公证部门的监视下打开了那只保险箱，在48561封来信中，有一位叫蒂勒的小姑娘猜对了巴拉昂的秘诀。蒂勒和巴拉昂都认为穷人最缺少的是野心，即成为富人的野心。

在颁奖之时，《科西嘉人报》带着所有人的好奇，问年仅 9 岁的蒂勒，为什么想到是野心，而不是其他的。蒂勒说："每次，我姐姐把她 11 岁的男朋友带回家时，总是警告我说：'不要有野心！不要有野心！'我想也许野心可以让人得到自己想得到的东西。"

巴拉昂的谜底和蒂勒的回答见报后，引起不小的震动，这种震动甚至超出法国，波及英美。一些好莱坞的新贵和其他行业几位年轻的富翁就此话题接受电台的采访时，都毫不掩饰地承认：野心是永恒的特效药，是所有奇迹的萌发点；某些人之所以贫穷，大多是因为他们有一种无可救药的弱点，即缺乏野心。

每个人的人生都像一座金字塔，只有往上攀登，才可能享受更大的自由和空间。但是大多数人都庸庸碌碌，终其一生在老地方徘徊；一小部分人按部就班、辛辛苦苦地在从底层爬到中部；只有极少数人，能很迅速地攀到顶端，跻身成功者之列，享受无限风光在顶峰的潇洒。

强大的野心和强烈的欲望可以使人施展全部的力量，尽力而为，实现自我超越。当你有足够强烈的欲望去改变自己命运的时候，所有的困难、挫折、阻挠都会为你让路。只要在我们踏实勤奋的努力和智慧基础上，再稍稍多一点野心，成功就会在我们眼前……

▶▶ 第八章　灵活做事思路宽

创新求变者永远立于不败之地

　　生活中无论做什么事，不会变通都寸步难行。可以说，变是一个永恒的主题。而创新则是求变思想中最耀眼的一颗明珠，它让一切都充满生机和活力。

　　中国古人观察到一种现象："君子之泽，三世而转。"意即祖父创立的事业，到了孙子这一代就会败落。这种现象，至今仍然严重存在。但中华文化延续了五千年仍具有强大的生命力，美国成为世界第一强国的历史，也延续了一百多年，即使在"9·11"事件后也没有衰落迹象。可见，只要与时俱进，不断创新，一项事业就能得到持续的发展。

　　事业如此，个人也这样。提到个人，我们不难想起那位滑稽搞笑的著名影星——卓别林。卓别林出生在一个贫穷演员的家庭，一岁时父母离异，他跟随母亲生活。

　　他母亲16岁就开始在剧团演主角，卓别林认为，"她有足够的资格当一名红角儿"。但是她的嗓子常常发干，喉咙容易感染，稍微受了点儿风寒就会患喉炎，一病就是几个星期，然而又必须继续演唱，于是她的声音就越来越差了。

卓别林五岁那年的一天晚上，他又一次和母亲去一家下等戏馆演唱。母亲不愿意把他一个人留在那间分租的房子里，晚上常常带他上戏院。

那天晚上，卓别林站在条幕后面看戏，当时他母亲的嗓子又哑了，声音低得像是在悄悄地自言自语，听众开始冷讥热讽她，有的憋着嗓子唱歌，有的学猫儿怪叫。他稀里糊涂，也搞不清楚发生了什么事情。但是噪声越来越大，最后母亲不得不离开了舞台，并在条幕后面跟舞台上管事的吵起嘴来。管事的以前曾看到卓别林表演过，就建议让卓别林上场。

在一片混乱中，管事的搀着五岁的卓别林走出去，向观众解释了几句，就把卓别林一个人留在舞台上了。面对着耀眼夺目的脚灯和烟雾迷蒙中的人脸，卓别林唱起歌来："一谈起杰克·琼斯，哪一个不知道？……可是，自从他有了金条，这一来他可变坏了……"

卓别林刚唱到一半，钱就像雨点儿似的扔到台上来。他停下，说他必须先拾起钱，然后才可以接着唱。这几句话引起了哄堂大笑。舞台管事的拿着一块手帕走过来，帮着他拾起了那些钱。卓别林以为他是要自己收了去，就把这想法向观众说了出来，这一来他们就笑得更欢了。管事的拿着钱走过去，卓别林又急巴巴地紧跟着他，直到管事的把钱交给他母亲，他才返回舞台继续唱。台下的观众笑的笑，叫的叫，吹口哨的吹口哨，气氛更为热烈……

受到这种鼓励，卓别林也来了劲，他毫无拘束地和观众们谈话，给他们表演舞蹈，还做了几个模仿动作。有一个节目是模仿他母亲唱一支爱尔兰进行曲："赖利，赖利，就是他那个小白脸叫我着了迷，赖利，赖利，就是他那个小白脸中我的意……（谁也比不上）那位高贵的中士，他叫赖利。"在唱的时候，他把母亲那种沙哑的声音也模仿得惟妙惟肖、栩栩如生，观众被这个五岁的小男孩逗得笑破肚皮，扔上了更多的钱。

卓别林后来回忆说："那天夜里在台上露脸，是我的第一次，也是母亲的最后一次。"

创业、创新乃至寻找职业，最让人感到迷茫的就是不知自己的才华和特长到底是什么，卓别林的第一次，也许可以给人们一点启发。当然，不一定要那么早，而且除了艺术、体育外，其他方面的才华也不会表现得那么早。但有一点是比较普遍的，即真正的才华，往往就是这样自然、生动并令人愉快地展现出来的。

创新者永存，创新者万岁！一个国家、一个企业、一个人只有处于创新的基点上，才会永不动摇地位于成功的宝座上。

放弃就是跨越

许多的事情，总是在经历过以后才会懂得。一如感情，痛过了，才会懂得如何保护自己；傻过了，才会懂得适时地坚持与放弃，在得到与失去中我们慢慢地认识自己。其实，生活并不需要这么些无谓的执着，没有什么就真的不能割舍。学会放弃，生活会更容易。

学会放弃，在落泪以前转身离去，留下简单的背影；学会放弃，将昨天埋在心底，留下最美的回忆；学会放弃，让彼此都能有个更轻松的开始，遍体鳞伤的爱并不一定就刻骨铭心。这一程情深缘浅，走到今天，已经不容易，轻轻地抽出手，说声再见，真的很感谢，这一路上有你。

每一份感情都很美，每一程相伴也都令人迷醉。是不能拥有的遗憾让我们更感缱绻；是夜半无眠的思念让我们更觉留恋。感情是一份没有答案的问卷，苦苦的追寻并不能让生活更圆满。也许一点遗憾、一丝伤感，会让这份答卷更隽永，也更久远。

收拾起心情，继续走吧，错过花，你将收获雨；错过她，我才遇到了你。继续走吧，你终将收获自己的美丽。

谁说喜欢一个人就一定要和他在一起。有时候，有些人，为了能和自己所喜欢的人在一起，他们不惜使用"一哭二闹三上吊"这种最原始的办法，想以此挽留爱人。也许这留住了爱人的人，但是这却留不住他的心。更有甚者，为了这而赔上了自己那年轻而又灿烂的生命，可能这会唤起爱人的回应吧，但是这也带给了他更多的内疚与自责，还有不安，从此快乐就会和他挥手告别。其实喜欢一个人，并不一定要和他在一起，虽然有人常说"不在乎天长地久，只在乎曾经拥有"，但是并不是所有的人都会快乐。喜欢一个人，最重要的是让他快乐，因为他的喜怒哀乐都会牵动你的心。所以也有这样一句话"你快乐，所以我快乐"。因此，当你喜欢一个人时，暗恋也不失为上策。

有一首歌这样唱道："原来暗恋也很快乐，至少不会毫无选择"；"为何从不觉得感情的事多难负荷，不想占有就不会太坎坷"；"不管你的心是谁的，我也不会受到挫折，只想做个安静的过客。"所以，无论是喜欢一样东西也好，喜欢一个人也罢，与其让自己负累，还不如放轻松地面对，即使有一天放弃或者离开，你也学会了平静。

喜欢一样东西，就要学会欣赏它、珍惜它，使它更弥足珍贵。

喜欢一个人，就要让他快乐，让他幸福，使那份感情更真挚。如果你做不到，那你还是放手吧，所以有时候，人们无论感情上、生活上、工作上都要学会放弃、学会变通，因为放弃也是一种跨越。

生命和死亡一直是一个很沉重的话题，不像爱情那么美好，下面是一个人诉说的发生在他身上的故事：

"第一次面对死亡是在四岁时，爷爷逝世，第一次感到在生死之间我们真的是无能为力的，生命在那时告诉我的就是人类的渺小和卑微，没有我们能够留住的东西，几十年的生命都留不住，更不要说稍纵即逝的一种感觉。

"二十岁那年，长期的生病，那整整一年的时间，亲情一层一层地把我跟外面隔离。那是一个冬天的夜晚，我打翻了药瓶，一千多粒的白色药片洒满了房间，它们躺在地下对我露出阴森的笑容，我跪在冰凉的水泥地上，边拾边哭，那时，我对生命厌恶，我看见了天堂里的春天，于是，我吃下了几个月才吃得下的药片后还割了手腕，这是我第二次自杀。

"在我昏迷了两天之后被救了过来，醒来的时候，我看见的是一个洁白的世界和那么多带着泪水的笑脸，很多亲人、同学都在我的身边，那是我第一次看见我刚强的父亲抱着我痛哭，父亲的憔悴，母亲的悲痛欲绝，奶奶的病倒，我在那一刹那明白了生命其实不是我一个人的。

"活着，是一种责任，对每一个爱我的人来说，活着就是对他们最根本最完整的报答，生命不是我们自己的，没有权利选择生的我们也没有权利选择死，那里不仅仅是因为道德良知，最重要的就是要有爱，爱自己、爱别人，这才是生命的意义。

"同时我也知道生命是顽强的，在我一次一次摧残它的时候，它一如既往宽容地接纳了我，对生命，我有了一种感激。

"真正让我感到生命的脆弱是在去年，我也体会到了顽强的毅力更重要，那时我唯一的侄儿在出世时就注射的预防天花的疫苗没有生效，在几十万分之一的概率里被感染了，那时，他才一周多一点，很小很小的一个孩子，那是炎热的夏季，医生说：主要的还是要靠他自己的免疫能力，他的浑身上下一直到嘴唇和舌头里都长满了水泡，不能吃饭，不能说话，还不能哭，泪水会软化面部的水疱，如水疱破了，感染到细菌了，就容易感染白血病；还不能发烧，如果烧到 40 度就伤到脑神经了。

"我们耐心地跟他说这些道理，出世才几百个日子的他竟然能够懂，他不哭，他的泪水溢满了眼眶就自己用手帕拭去，他还要忍着痛吃饭，增强体质，整整三个月，我们就守着他，因为水疱很痒，怕他不小心自己用手抓破了。那时，白血病像一个魔鬼似的围绕在我们的心头，令我们担忧，对生命，我们充满了愤怒，上天竟然将如此剧痛降临在一个婴儿身上，这真是不公平，而我们竟然无能为力。

"那些日子，全家所有的人都近乎崩溃，我们都哭，可他连哭的权利都没有，他就那么用他小小柔弱的身体熬受着，终于走了过来。

"就是这个孩子，他让我为自己曾经的做法而惭愧，我也是从他的身上感受到了当年在病榻前我亲人的心情，那一种痛是钻心的，从他的身上我懂得了要珍惜生命，因为我看到了他的坚强，他让我在今天写下这件事的时候，仍是悲痛万分，因为生命的来之不易。

"前些日子，夜半，接到一个朋友的电话，说她累了，真的，真的不想活了，她说，死是一种解脱。是的，死仅仅对去了的人来说是一种解脱，而留下的人呢？因为你的解脱所带给他们的痛苦大于你生存的痛苦，这是一种极其不负责任的行为，属于你的苦你就要承受，无论是生是死，你都不能把它们加到那些爱你关心你的人身上，因为爱毕竟没有错，活着，在你最不堪的时候，你只要做到仅仅是活着就够了，死亡只是一种诱惑，它不是牵引，什么都可以放弃，唯有生命不能。"

生命是那么的脆弱，战争、疾病、车祸、事故、伤害，每天都有那么多向往阳光和空气的人在无辜地接受死亡，那是一种不得已，而我们能够平安地生活在自己的家园里，享受着家人带来的温暖，我们还有什么理由放弃生命呢？

再去看看那么多贫困的地方，那些难民以及很多连温饱都解决不了的人们，他们顽强不屈地和死亡斗争着。还有我们身边的很多人，那些在烈日下出卖廉价劳动力的车夫们，拖儿带女，生命都是一样的，没有贵贱之分，他们不是苟且偷生，他们是认真地对待生命的。相比之下，我们却是那么的懦弱和贪婪，我们漠视生命的尊严。

生命原本是简单的，很多东西我们要学会放弃，包括死亡。

能够放弃就是一种跨越，当你能够放弃一切，做到简单从容地活着的时候，你就走出了生命的低谷。

奇思妙想让你与众不同

1916 年，德国的鲁克内尔少校对威廉二世说："陛下，给我一条帆船，让我出海把英国佬打得灵魂出窍吧！"

此话一出，所有人都惊诧不已。假如这是在中世纪，这位敢于挑战大不列颠的军官虽然有些鲁莽，但至少会获得勇敢刚毅的美名。但时光已到了 20 世纪，此时的帆船早已不能作为战船来使用了。

幸运的是威廉二世却认真听取了这位少校的"疯话"。

鲁克内尔向威廉二世解释道："我们海军的头儿们都认为我是在发

疯，既然我们自己人都认为这样的计划是天方夜谭，那么，英国人一定想不到我们会这样干的，因此，我认为我可以成功地用古老的帆船给他们一个教训。"威廉二世被说动了，他同意了鲁克内尔的计划，用一条帆船去袭击英国人的海上航线。

鲁克内尔终于找到一条被废弃的老船，取名"海鹰号"。在他亲自设计监督下，这艘船开始了古怪的改造工程。

1916年12月24日，海鹰号出发了，顺利突破英军海上封锁线，抵达冰岛水域，大西洋航线已经在望。正在高兴的时候，海鹰号与英国的复仇号军舰狭路相逢。

海鹰号只有两门107毫米火炮，而复仇号却是一艘大型军舰，硬拼显然不是对手。鲁克内尔灵机一动，主动迎上去让他们检查。英国的军官见是一条帆船，看也不看，就放过了这艘暗藏杀机的帆船。

第二年1月9日，在鲁克内尔的指挥下，海鹰号突然向大西洋航线上的英国船只发起进攻，获得了巨大的胜利。

鲁克内尔的这种"不切实际"的奇思妙想为他赢得了成功。

战场上需要不拘常规的敢想敢干，对竞争激烈的商场来说更需要具备这样的品质，从而在商战中胜人一筹。李书福的成功就很好地诠释了这一点。

曾有人说过，如果没有像吉利创始人李书福和他领导下的吉利人那样的一大批中国汽车人，那么对于中国的普通家庭而言，汽车进入普通百姓家庭也许会推迟几年。吉利之所以能站在中国汽车领域的领军地位，创始人李书福的突发奇想起了决定性的作用。他的这种超出常规的想法，使得世界上的第一辆踏板式摩托车得以诞生，开启了摩托车行业的新纪元。

1993 年，李书福去某大型国有摩托车企业参观考察，看见摩托车产销两旺的势头，他抓住机会，向该企业老总提出为他们生产车轮钢圈配件的要求。

对方一听，微笑着说："这种高技术含量的配件不是你们民营企业能完成的，你还是该干什么干什么去吧！"

不信邪的李书福憋着一肚子气回到公司，大胆提出要自己制造摩托车整车。结果，周围反对声一片，就连他的亲兄弟都笑他自不量力："真出车祸死了人，有你好看的。弄不好千年砍柴一夜烧。"

面对反对，李书福没有放弃这种大胆的想法。皇天不负有心人，李书福仅用了 7 个月的时间，就研制开发出了中国同行一直没能解决的摩托车覆盖件模具，并率先研制成功四冲程踏板式发动机。接着又与行业老大嘉陵公司强强联合，生产出了"嘉吉"牌摩托车。不到一年的时间，又开发出中国内地第一辆豪华型踏板式摩托车，很快便替代了日本和我国台湾地区的同类摩托车。这种新型摩托车不仅一直占据国内踏板式摩托车销量龙头地位，还出口美国、意大利等 32 个国家和地区。1999 年，摩托车产销 43 万辆，实现产值 15 亿元，吉利集团也因此赢得了"踏板摩托车王国"的美誉，为以后进军汽车业奠定了基础。

鲁克内尔、李书福等人之所以会成功，在于他们想常人之不敢想，从而开辟了一条通往成功的康庄大道。

纵观历史，我们就会发现，凡是有重大建树的人，在其攀登成功高峰的征途中，都会灵活地进行创造性思考，并能够将自己的奇思妙想付诸行动。

▶▶ 第九章　注重细节解难题

不可忽视细节小事

做事理应从大处着眼，小处做起。这是一条最简单的道理，然而，生活中却有很多人不明此理，一心向往辉煌灿烂的梦想，却轻视身边的小事，最终他们的美梦也只能化为泡影。

"人生百岁，七十稀少，更除十年孩童小，又十年昏老，剩下五十载，一半被睡魔分了。"细算起来，人生也不过数十载光阴，正因为人生苦短，所以要办成几件大事实在并不容易。

有些人往往放不下架子，不能从小事、从最基层工作做起，自命不凡，总认为自己是干大事的料，期望一步登天，不知凡事都需要日积月累。还有一些人总是抱怨周围环境不利于自己发展和成功，诸如区域太小、老板不好、老婆不能干、朋友不帮忙，这样的客观原因数不胜数，将富不起来归咎于运气不好！从来没有想过其实最最根本的原因是自己不屑于做小事。正所谓"一屋不扫，何以扫天下"！

"天下大事必作于细"，意思是说凡事都要从小事做起，从眼前的杂事做起，坚持到底，才能将事情做好，达到长远追求的目标。为人处世，只要能够不辞劳苦，坚持不懈，那么，即使像女娲补天那样翻天覆地的难事，也终能扭转乾坤，获得成功的。

每个人所做的工作，都是由一件件小事组成的，但不能因此而忽视工作中的小事。

所有的成功者，他们也都做着同样简单的小事，但他们从不认为自己所做的事是简单的小事。

很多时候，一件看起来微不足道的小事，或者一个毫不起眼的变化，却能起到关键的作用。这就要求每个人始终保持高度的注意力和责任心，始终保持清醒的头脑和具有敏锐的判断力，能够对工作中出现的每个变化、每一件小事迅速做出准确的反应和判断。

希尔顿饭店的创始人、世界旅馆业之王康·尼·希尔顿就是一个非常注重小事的人。他经常这样要求他的员工："大家牢记，万万不可把我们心里的愁云摆在脸上！无论我们饭店遭到何等的困难，希尔顿服务员脸上的微笑永远是顾客的阳光。"

正是这小小的微笑，让希尔顿饭店获得了极佳的声誉。

没有哪一件工作是没有意义的，每一件小事都有自己的意义。

一位年轻的女工进入一家毛织厂以后，一直从事织挂毯的工作，做了几个星期之后，她再也不愿意干这种无聊的工作了。

她去向主管辞职，无奈地叹气道："这种事情太无聊了，一会儿要我打结，一会儿又要把线剪断，这种事完全没有意义，真是在浪费时间。"

主管意味深长地说："其实，你的工作并非没有价值，你织出的很小的一部分是非常重要的一部分。"

然后主管带着她走到仓库里的挂毯面前，年轻的女工呆住了。

原来，她参与编织的是一幅美丽的百鸟朝凤图，她所织出的那一部分正是凤凰展开的美丽的羽毛。她没想到，在她看来没有意义的工作竟然这么伟大。

在具体的一项工作中，每一件小事都可以算是大事，要想把每一件事做到完美，就必须坚守自己的本分和岗位，付出自己的热情和努力。这就是作出了最好的贡献。

许多小事并不小，那种认为小事可以被忽略、置之不理的想法，只会导致工作不完美。

美国标准石油公司曾经有一位小职员叫阿基勃特。他在出差住旅馆的时候，总是在自己签名的下方，写上"每桶4美元的标准石油"字样，在书信及收据上也不例外，签了名，就一定写上那几个字。他因此被同事们叫做"每桶4美元"，而他的真名倒没有人叫了。

公司董事长洛克菲勒知道这件事后说："竟有如此努力宣扬公司声誉的职员，我要见见他。"于是，洛克菲勒邀请阿基勃特共进晚餐。

后来，洛克菲勒卸任，阿基勃特成了第二任董事长。

也许，在我们大多数人的眼中，阿基勃特签名的时候署上"每桶4美元的标准石油"，这是小事一件，甚至有人会嘲笑他。

可就这件小事，阿基勃特却做了，并坚持把这件小事做到了极致。那些嘲笑他的人中，肯定有不少人才华、能力在他之上，可是最后，他却成了董事长。

可见，任何人在取得成就之前，都需要花费很多的时间去努力，不断做好各种小事，才会达到既定的目标。

有一个善于反省的人，在他生命中的某一天，突然省悟到自己迄今所做的全是微不足道的事情。他想到生命的短暂，不禁为自己虚度了宝贵的光阴而痛心，于是他发誓用剩余的生命做成一件最有价值的事情。许多年过去了，他一直在寻找那件足以使他感到不虚度此生的最有价值的事情。可是，他没有找到。结果，他什么事也没有做，既没有做微不足道的事情，也没有做最有价值的事情。

机会总是从你身边走过，你不用心去观察，怎能发现最有价值的事情呢！一味地去寻找、去发现又会有多大的收获呢？一个会发现身边的小事、会寻找微不足道的事情的人才会有可能发现最有价值的事。

人的一生到处都是大大小小的事，但只要会观察，会去发现这些事情，那你的一生总算还是有点收获，没有白活，寻找有价值的事情必须从寻找微不足道的小事做起，从小事一步步地走向成功，一步步地向最有价值的事情走近。做好一件小事也就等于向成功与最有价值的事情靠近了、走近了。连一件小事都不做的人，怎能做得了一件最有价值的事？

总之，人的一生只有一句话："凡事从小事做起。"

我们应认识到细微处体现的大文章，反思我们浮躁的心理，反思我们工作的态度，反思我们为人的素质，甚至反思我们的文化。

何为细节？何为大事？何为成败？也许在每个人的眼中都有着不同的含义。每个人都有满腔热血，想干一番大事业的雄心，期盼或功成名就，或衣锦还乡，或企业百年兴旺，或民族昌盛……但有多少人能做成其中的一件呢？一谈到这些就免不了滋生浮躁情绪，哀叹自己的"文韬武略"无从施展，天降大任于斯人，怎能纠缠区区细节？其实，中国人从不缺乏勤劳，从不缺乏智能，但我们最缺的是做好细节的精神。

凡事都要从小事做起，从与他人的合作开始，认认真真地做事。

解决难题要从细节入手

生活中很容易遇到许多难题，这些难题还都是必须解决的。而解决难题的突破口往往不是从全局入手，更多的时候从细节入手更容易使难题迎刃而解。

比如说你要打开一个密室的门必须首先找到那个有用的机关，而这个机关往往是最不易被察觉的。单从整体摸索很难找到突破口，只有细心的人才可以发现开启机关的通道。粗心大意、不重小节的人之所以不成功，是因为他们不注意自己身上存在的细节性致命缺点造成的。

1930 年，我党的一位干部在广西右江领导革命工作。有一天傍晚，他出去执行临时任务，途中被敌人发现，有一个连的敌人在追捕他，情况非常紧急，他在躲避敌人的时候一不小心还把腿摔伤了。在这千钧一发之际，我地下党一个外号叫"金刚锥"的交通员恰巧经过这里，发现受伤的同志，立即将他背起来，渡过附近的一条小河，钻进了离岸边不远的一个旧瓦窑里。瓦窑里不仅阴暗潮湿，蚊子还特别多，两人进去后虽然被许多蚊子叮咬，却还能坚持。可是他们又一想，如果敌人进来搜查，两个人肯定会被敌人逮住。就在这时，他想出了一个迷惑敌人的好办法，令追赶的敌人来到窑洞口时，根本就没有进去搜查。

他们两人悄悄来到洞外，在附近找了许多善于结网的花背蜘蛛。他们把蜘蛛放在洞口，没过多长时间，蜘蛛就结了好几张大网。然后，两个人又挥动衣服向外驱赶蚊子。不一会儿，新结好的几张大网就粘上了不少蚊子。两人布置好一切之后，追赶的敌人搜查到了窑洞口。连长见窑洞里黑漆漆一片，便命令一个排长进去瞧瞧，排长害怕，便指派班长，班长又去命令士兵，士兵无奈，只好胆战心惊地走向洞口。来到洞口以后，立即发现窑洞口结满了蜘蛛网。于是，他赶紧回来报告说："洞口上的蜘蛛网都没破，不可能有人进到里面去。"连长听后觉得很有道理，便带着队伍到别处去搜查了。

想想，假如是你遇到了这样的难题，你能否很快想到这样的办法救自己的命？多数人只是知道蜘蛛可以织网，在关键时刻却不会想到蜘蛛网还会有这样的妙用。蜘蛛网虽小可作用很大，犹如细节虽小却影响很大一样。敌人根据蜘蛛网没破这样的细节断定洞里无人，失去了一次立功的机会，这恰恰是我方战士利用细节迷惑敌人的一个胜利，这个细节在我军战士的手中成了处理难题的一大利器。蜘蛛网也可以救人，听起来似乎悬疑，却在生活中真实地上演了一幕活话剧。

生活中，许多小事都值得我们关注，因为这些细节性的小事情往往可以成就大事。

在鲁班之前，不知有多少人被长着锯齿的草叶割破过腿、胳膊，但是只有鲁班在被这种草割了胳膊之后，才依据草叶的锯齿形状发明了锯。

在牛顿之前，不知有多少人看见苹果从树上掉下来，但唯有牛顿看见苹果从树上掉下来，才发现了地球引力，进而发现了万有引力。

与其他人相比，鲁班、牛顿就是一个在细节中成就自己的人。

一位年轻人最初在一个律师事务所供职三年，尽管没获得晋升，但他在这三年中，把律师事务所的一切工作都学会了，同时拿到了一个业余法律进修学院的毕业证书。后来，他开办了一家事务所，自己当起了老板。不少在律师事务所里工作的人，如果以时间论，他们的资格已经很老了，可是他们却收获甚微，仍然担任着低级的职位，拿着低于别人的工资。两相比较，同样是年轻人，前者就是因为对工作注意观察、仔细谨慎，并能利用业余的机会加以深造，终于获得一定的成功；但后者却恰恰相反，所以就难有出头之日。

难题之所以成为"难"题，是因为大多数人都不能解决，大多数人都不在意细节中隐藏着的契机。再难的问题都有可以解决的突破口，而这个突破口只留给了少数有心人、能够关注细节的人。

关注小事才能做成大事

我们知道，事情都是从一点一滴开始的，但人们总是很难把握好这难以观察的点滴，只有顾全大局，统筹兼顾，事情才会解决好。细心地关注不那么起眼的小事，有时它起着决定性的作用，是你做事成败的转折点。

有一家生产牙膏的公司，产品优良，包装精美，很受消费者喜爱，营业额连续十年递增，每年的增长率都在10%到20%。可是到了第11年，企业业绩停滞下来，第12年、第13年也如此，维持同样的数字。公司总裁召开高层会议，商讨对策。

会上，公司总裁许诺说：谁能想出解决办法，让公司业绩增长，给予10万元重奖。有位年轻经理站出来，递给总裁一张纸条，总裁打开纸条，看完，马上签了一张10万元的支票给这位经理。

那张纸条上只写了一句话：将牙膏管开口扩大一毫米。

消费者每天早晨习惯挤出同样长度的牙膏，牙膏管开口扩大一毫米，每个消费者就多用 1 毫米宽的牙膏，每天牙膏的消费量将多出多少呀！

公司立即开始更换包装。一年后，公司的营业额增加了 32%。

据称，日本的学者、记者和商人们每每纠缠着美国生活中甚至是最细枝末节的信息不放，其态度之顽固几乎到了荒唐的地步。

有一次，一个在由一位美国女教师执教的英语班上学的日本年轻商人，在女教师正讲解过去分词时突然打断并问她是否穿着内衣。这位女教师开始感到很愤怒，但当她看到那位日本学生并没有侮辱她的意图时，心情又平静了下来。通过交谈，女教师才了解到，这个为一家日本大纺织公司工作的青年人，只不过是在进行一个小小的现场调查。

听到这个故事的美国人不约而同地觉得这件事很可笑，有人还对这位日本青年人的行为流露出了一丝轻蔑。但也有人认为，正是这种对美国消费者的爱好、习惯和需要所做的不倦了解——当然一般是在相对来说更科学的基础上组织调查，才使日本工业品在美国市场上如此频繁地战胜美国公司。

成功者与失败者之间究竟有多大差别？人与人之间在智力和体力上差异并不是想象中的那么大。很多小事，一个人能做，另外的人也能做，只是做出来的效果不一样，往往是一些细节上的功夫，决定着完成的质量。

细节的成功看似偶然，实则孕育着成功的必然。惠普创始人戴维·帕卡德说，"小事成就大事，细节成就完美"。细节并不是孤立存在的，就像浪花展示了大海的美丽，但必须依托于大海才能存在一样，要把重视细节、将大事做细养成一种习惯才行。

先看细节再做决策

被人所忽视的细节中往往藏着风险，在决策时如果你不先考虑好细节，那么就有"阴沟翻船"的可能。因此决策之前，一定要把方方面面的问题都考虑到。

一个人急匆匆地在路上行走，不知不觉地把一条绳子挂在脚腕上。但他却浑然不知，终于在下坡的时候重重地摔了一跤。生活中，能够绊倒你的也许并不是什么大困难，有时恰恰只是一根细细的绳子就足可以让你大跌跟头。如果你只是匆忙赶路而不注意脚下绳子，迟早会被绊倒。英明的决策者往往都是既能匆忙赶路又能注意脚下绳子的人。

不少企业在经营过程中也会碰到这种"被绳子绊倒"的情况，这是由于忽视细节造成的，因此对细节问题一定要处理得当。一旦处理不当就很可能因决策错误，造成严重的后果。蜜蜂虽小也可以置人于死地，老鼠虽小也可以让大象毙命。在决策之前，不能仔细分析各个环节中可能会出现的细节性问题，成功的概率几乎为零。

正确的决策源自对细节的无止境的追求。细节追求是可以衡量的，衡量的尺度，就是制订出相应的标准和规范。对细节的量化，是重视细节、完善细节的最高表现。一个没有规则、没有标准的决策肯定是不到位的。

河豚在日本被奉为"国粹"。河豚肉质细腻，味道极佳，但这种鱼味道虽美，却毒性极强，处理稍有不慎就有可能致人死命。在中国，羌美味而"拼死吃河豚"的人，每年中毒、死亡者都达上千人。但同样是吃河豚，在日本却鲜有因此而中毒、死亡的事情发生。问题出在哪里呢？

在日本，河豚加工程序是十分严格的。一名上岗的河豚厨师至少要接受两年的严格培训，考试合格以后才能领取执照，开张营业。在实际操作中，每条河豚的加工去毒需要经过 30 道工序，一个熟练厨师也要花 20 分钟才能完成。但在中国，加工河豚就跟做其他海鲜一样，加工过程随随便便，烹饪过程也没有经过太多的工序，其后果可想而知。

细节有时是一把双刃剑，它可以在成就一件事的同时毁掉另一件事。绊倒人的有时并非要一块大石头，有一条绳子就足够了。河豚的消毒过程有一点纰漏就可以让人中毒而死，一块马蹄铁就可以输掉一场战争。

我们日常的衣服有许多是以拉锁代替扣子的。但拉锁之所以能够代替扣子还有一段血的教训。

拉锁刚问世时，并不被人们看好，把拉锁缝在飞行员的衣服上更遭到了航天部门的一致反对。一次，一个飞行员执行任务时，衣服上的扣子掉进了飞机的操纵系统里，致使飞机操纵失灵，飞行员死亡，飞机被毁。之后，航天部门才做出决定：将所有飞行员的上衣纽扣都用拉锁代替。这就是一个细节引发的教训，也正是这个细节引发了一项重大决策。

无论你处在哪个位置上，做决策都是必需的。关注一条绳子的作用往往比关注前路的美景更重要。走好自己的路，一定要随时随地看看脚上的绳子是否妨碍了你的行动。如果妨碍了，那你一定要及时妥当地处理它们。

　　人的一生通常都在如何做决策、做什么样的决策之中循环往复。当你举棋不定时，也许正是因为一个细节的出现令你看到了希望，于是，你才下决心去做一件事。正所谓"一粒沙里看世界，一滴水里照乾坤"。

　　一个有心人永远都不会放弃对细节的关注。因为他们往往是从细节中提炼精华、做出抉择的。

　　"观细节做决策"是每一个聪明人都应具备的能力。一个人的成功是由细节塑造的。一个企业的成功也是由细节塑造的。只有细节到位，决策才不会成为失策。

▶▶ 第十章　勤奋付出有收获

懒惰者没有成就

从前，有一个懒汉，靠祖上留下的财产生活。他除了吃和睡，什么都不想做，身上的衣服已有三年没有洗了，又脏又臭。坐吃山空，祖上的财产花完了，房子也卖了，他吃了上顿没下顿，成了个穷光蛋。

懒汉已有两天没有吃到饭了，饿得发慌，准备找一个工作，也好混口饭吃。懒汉来到铁匠铺，对打铁师傅说："收下我吧，我可以给你管账。"

打铁师傅停下手中的铁锤，说："我这小小的铁匠铺，用不着管账的，我这里倒缺一个打铁的伙计，如你愿意，可以试试。"

懒汉看了看大铁锤，摇摇头走了。懒汉来到茶馆，对茶馆主人说："收下我吧，我可以给你看门。"

茶馆主人一边忙着给老虎灶加水，一边说："我这个小小茶馆，用不着看什么门，我这里倒是缺一个挑水的伙计，如果你不怕吃苦，可以留在这里。"

懒汉看了看大水桶，摇摇头。他叹了口气，自言自语地说："我的命真苦，怎么就见不到一个赏识我的人呢？"

他听几个喝茶的老汉在讲，布店老板是个懒老板，他身上的衣服已有三年没有洗了。懒汉一听，十分高兴，心想这下找到知音了，他急忙来到布店。推门进去一看，只见四处是灰尘和蜘蛛网。老板躺在床上，懒洋洋地说："你来干什么？"

懒汉急忙说："我和你有许多共同点，我想我们一定合得来，让我在你店中混口饭吃吧。"

老板冷冷地说："你错了，懒老板哪会喜欢懒伙计，再说，我平时懒得管理布店，如今已经破产，还招什么工？"

懒汉一直没有找到工作，他埋怨别人、埋怨命运，就是没有埋怨自己。

还有一个故事：有位孤独者倚靠着一棵树晒太阳，他衣衫褴褛，神情萎靡，不时有气无力地打着哈欠。一位智者从此经过，好奇地问道："年轻人，如此好的阳光，如此难得的季节，你不去做你该做的事，懒懒散散地晒太阳，岂不辜负了大好时光？"

"唉！"孤独者叹了一口气说，"在这个世界上，除了我自己的躯壳外，我一无所有。我又何必去费心费力地做什么事呢？每天晒晒我的躯壳，就是我做的所有事了。"

"你没有家？"

"没有。与其承担家庭的负累，不如干脆没有。"孤独者说。

"你没有你的所爱？"

"没有。与其爱过之后便是恨，不如干脆不去爱。"

"你没有朋友？"

"没有。与其得到还会失去，不如干脆没有朋友。"

"你不想去赚钱？"

"不想。千金得来还复去，何必劳心费神动躯体？"

"噢，"智者若有所思，"看来我得赶快帮你找根绳子。"

"找绳子干吗？"孤独者好奇地问。

"帮你自缢！"

"自缢？你叫我死？"孤独者惊诧了。

"对。人有生就有死，与其生了还会死去，不如干脆就不出生。你的存在，本身就是多余的，自缢而死，不是正合你的逻辑吗？"

孤独者无言以对。

"兰生幽谷，不因无人佩戴而不芬芳；月挂中天，不因暂时未满还缺而不自圆；桃李灼灼，不因秋节将至而不开花；江水奔腾，不以一去不返而拒东流。更何况是人呢？"智者说完，拂袖而去。

现实生活中的人，谁都有梦想，都渴望成功，都想找到一条成功的捷径。其实捷径就在你的身边，那就是勤于积累，脚踏实地，积极肯干。浑浑噩噩，毫无斗志，坐享其成的人，只能收获失败的苦果。

做一个勤于动手的人

李时珍是我国古代伟大的医学家、药物学家和植物学家，他集毕生精力所完成的名典巨著《本草纲目》，被世人称为"天下第一药典"，并被誉为"古代中国的百科全书"。李时珍不仅对中国，而且对世界医药学和生物学都作出了重大的贡献。

　　李时珍何以能取得如此大的成就？以天地为书，这就是他的经验。李时珍跟父亲学医后也读了不少医书，但他不久就发现了书中的错误，怎么办？书上说得对，还是实践对？李时珍选择了后者。以后李时珍走遍了山山水水，以天地为课堂，展开了自己的研究，并取得了巨大的成就。

　　李时珍的父亲李言闻虽然身为名医，但仍然被人瞧不起，因此就把读书做官的希望寄托在他的身上。天资聪明的李时珍，在父亲的督促下，14 岁就考中了秀才，由于他一心想当个好医生，所以，虽然"读书十年，不出庭户"，但他只对"本草集"之类的医药书爱不释手，而对儒家的"子曰、诗云"却毫无兴趣，因此，前后三次到武昌考举人，都名落孙山了。

　　李时珍 24 岁开始行医。在给人治病的过程中，他发现过去的医药书里，好多草药不是没有记载，就是错漏百出、混乱不堪，真是害死人！他说："熟读王叔和，不如临症多。"认为熟读书不如多实践，这是多么卓越的见解呵！他撰写《本草纲目》时，便是根据自己的医疗实践，对以前的本草里的错误一一做了订正的。譬如在旧的本草里，本来是一种草药的虎掌和天南星却误认为是两种；张冠李戴地把卷丹当成了百合；甚至把狼毒当成了防葵，把勾吻当成了黄精，把毒药当成了补药，就更是害死人了。有一次，李时珍问父亲："书上说白花蛇肚皮下有 24 块斜方形的花纹，是真的吗？"父亲回答说："我们蕲州有的是白花蛇。你到凤凰山抓一条看看，不就明白了吗？"第二天，他便到了凤凰山，恰巧一个捕蛇的老人爬到了山洞附近，捉了一条白花蛇。他一看，的确是有 24 块斜方形的花纹，这才相信了。李时珍熟读医药书，当他看到陶弘景的书上说穿山甲能吃蚂蚁的时候，他怎么也想不通穿山甲是怎样吃蚂蚁的。为此，他特意到湖滨去观察。看见穿山甲把鳞片张开，身上放出一种特殊的气味，蚂蚁一闻到这种气味，就钻到鳞片底下。等蚂蚁爬满了全身，它便猛然把鳞片一合，很快钻进水里，再把鳞片张开，等蚂蚁都浮到水面上来时，它就用舌头去舔，饱餐一顿。他解剖一只穿山甲，"曾剖其胃，蚁约升许也"。一只穿山甲的肚子里竟然装了大约一升蚂蚁，这才相信了陶弘景的记载。李时珍因博采众长、医术超群，治愈了不少疑难病症而名扬天下。他先被推荐在楚王府（武昌）当医生，后又被召到太医院（北京）任职，饱览了许多珍贵的医药学书籍。但他对做官不感兴趣，太医院毕竟非久留之地，第二年便辞职回家，行医采药去了。在回家的路上，当他路过河南的一个驿站时，看见一群驿卒正在小锅里煮一种粉红色的花，便好奇地问道："这是什么东西，你们煮了干什么啊？"车夫告诉他说："这叫旋花，用它熬成的汤可以治筋骨痛。我们这些赶车的，风里来，雨里去，筋骨疼痛，喝一碗便不疼了。"俗话说："单方气死名医。"果然如此。从此，李时珍便时时向劳动人民请教，搜集民间单方。他给人看病不要钱，只求人家告诉他一两个偏方或验方。例如，河豚的眼睛和肝脏有毒，吃了刀豆能止打嗝等，就是这样学来的。

为了获得真知，他踏遍了湖广一带的原野山谷，还到过江西的庐山和江苏的茅山、牛首山，以及安徽、河南、河北等许多盛产药材的地方。实地的调查研究与书本上看到的正确结论相结合，他记得更加牢固了，书本上论述不完整的地方，在他的《本草纲目》中讲得更加准确；书本上错误的东西，在他的新著中也得到了纠正。至今，本草纲目仍被我们视为最珍贵的医学遗产，并被翻译成日文、英文、德文、法文、俄文等许多译本，受到世界医学界的广泛重视。

学习任何一门知识都是为了使用，只有在实践中才能真正领悟其中的道理。所以，我们应该做一个勤于动手的人，而不是只会纸上谈兵，让所学的知识与实践结合起来，这样才能学好，甚至有新的发现。

付出汗水，就能有所收获

把成功想得很容易的人是不肯付出辛苦做事的。而多往"坏处"想一点，老老实实地勤奋做事，才不会犯只会做梦梦难成的人生错误。天才出于勤奋，一个人若想有所作为，就必须具备一个特点，那就是勤劳，世上没有不付出就得到的好事，天才之所以成为天才，也不过是因为他们掌握了勤奋的法宝。

从前，有一个勤劳的老农夫在临终时，希望他懒惰的儿子们能够像他一样，辛勤地耕种田地，于是他叫儿子们来到床边，说："儿子们！在我的葡萄园里，有一个地方藏着一堆财宝。"说完就死了。他的儿子们立刻拿了铁铲铁锹等，挖遍了葡萄园。可是并没有找到什么财宝，葡萄的枝叶反而因为翻土而生长得很茂盛，有了很好的收获。

"天下没有不劳而获的事，只有勤奋耕耘才有好收获。"这位老农夫留给他懒惰儿子们的一段话，真胜过千万遗产。哪个人的成功不是因为辛勤耕耘？虽然辛勤耕耘不一定会有好收获，但不耕耘却毫无收获。

既然大家都知道伟大的成功和辛勤的劳动成正比，但为什么渴望成功的人还没赶快行动起来呢？原因很简单，勤奋的前提是吃苦。

著名的数学家华罗庚先生出生于江苏省金坛市一个贫苦家庭，只念过初中，20岁左腿因病致残。但他不畏艰难，勤奋自学，终于走进了金碧辉煌的数学殿堂，被国际数学界公认为世界上"绝对第一流的数学家"。

"天才在于积累，聪明在于勤奋"，这是华罗庚教授最喜欢的一句格言。他虽然聪明过人，但从不提及自己的天分，而把比聪明重要得多的"勤奋"与"积累"作为成功的钥匙，反复教育自己的学生，要他们学数学要做到"拳不离手，曲不离口"，经常锻炼自己。

而华罗庚教授的经历就是"勤奋出天才"的最佳范例。

《华罗庚——绝对第一流的数学家》一文中这样写道：

1929 年对于华罗庚来说，是生命旅程中最不寻常的年头。这年他得到了一份工作——在金坛市中学当会计兼做数学教员。这对初中毕业又无钱继续读书的华罗庚来说，实在是太难得了。不久，他又娶了一位秀丽端庄、勤劳贤惠的妻子吴筱元，全家人沉浸在欢乐之中。谁料想，几乎就在同时，厄运也在悄悄向华罗庚逼近。

这一年，金坛市瘟疫流行。一天华罗庚下课回到家中，吃了两个汤圆，忽然觉得浑身发酸发冷，便支持不住，一头倒在床上。一测体温，竟然高达 42℃。接着，华罗庚便昏迷不醒并且说胡话，全家人顿时乱作一团。

医生看过华罗庚的情况后摇了摇头，让吴筱元准备后事。死亡的判决书没有动摇一家人挽救他的决心。金坛市的医生无能为力了，他们便当了所有值钱的东西从别的地方请名医。请一个不行，再继续请另一个。

整整半年过去了。一天，华罗庚的左手小指头忽然肿起来了，然后又嚷左臂疼，接着是左边的半个身子、左腿疼得不能动弹。后来，疼痛倒是消失了，但疼痛部位的肌肉却都腐烂了。吴筱元便给他用药敷，慢慢地伤口愈合了。经过妻子日日夜夜的精心照料，华罗庚的病情渐渐地好起来了。不过，由于伤寒病菌侵袭了他的关节，左腿关节粘连变形，弯曲了。年纪轻轻的华罗庚，就这样成了跛者……

他拄着妻子为他找来的一根拐杖，迈着按他自己说是"圆和切线的运动"的艰难步履，开始了新的也是更漫长、更艰辛的人生之路。

病后的华罗庚，从妻子愁苦的面容、女儿饥饿的啼哭中，察觉出了家计的窘迫。于是，他拖着瘦骨嶙峋的身子，重新回到了学校。然而，屋漏偏逢连天雨。不久竟有人向教育局告状，说校长任用没有学历的华罗庚做教员是个错误。校长为此愤然辞职离去，华罗庚的教员自然也就做不成了。好在新校长是位很通达的人，继续让他留在学校做会计。华罗庚一如既往，白天勤奋工作，晚上不顾残腿钻心的疼痛，在昏黄的灯光下遨游于数学的王国中，决心用"健全的头脑，代替不健全的双腿"。

功夫不负苦心人。1930年的一天，华罗庚收到上海寄来的刚刚出版的《科学》杂志第15卷第2期。他急忙用颤抖的双手翻开，《苏家驹之代数的五次方程式解法不能成立之理由》的大标题和"华罗庚"三个字赫然映进他的眼帘，他顿时热泪盈眶。

这是他病前写的一篇论文，也正是他第一次发表的这篇论文，对他的命运产生了重要影响。不久，清华大学数学系主任熊庆来教授看到了这篇论文，如获至宝，立即四处询问作者的身世经历。

1932年秋天，华罗庚应邀来到清华大学数学系，当上了数学系的助理员。从此，华罗庚如鱼得水，更加勤奋。

后来华罗庚又经历了两次磨难，但他都凭着一股勤奋、努力、执着的精神，坚强地挺了过去。靠着勤奋，华罗庚从一个只有初中文化的青年成长为一代数学大师、教育家，所写名著《堆垒素数论》成为 20 世纪数学论著的经典。连爱因斯坦也写信说："你此一发现，为今后数学界开了一个重要的源头。"华罗庚也被芝加哥科学技术博物馆列为当今世界 88 个数学伟人之一。

辉煌来自耕耘，有一分劳动就有一分收获，日积月累，从少到多，奇迹就可以创造出来。华罗庚只有初中的文化，最后却成长为世界一流的数学家，可以想象得到，在这辉煌的光圈背后，华罗庚付出了多少辛苦。勤出成果、出智能，无数实践证明：唯有勤奋者才能得到成功。可以说华罗庚之所以能成为第一流的数学家，就在于他比常人花更多的时间去学习。学习的时间越长，下的功夫越深，所学的也就愈精。华罗庚不是天才，只是他用勤奋换来了天才的称号。

人并非生下来就是天才或懦夫。所有的成功都是努力的结果，天才也需要后天的磨炼。生命不排斥努力，它需要辛勤的汗水来浇灌，只要勤奋就可以换来累累硕果。对于一件成功的事情来说，勤奋的功用实在是太默默无闻，太平实了，平实得就像大厦的桩基，重要而又平凡，无声无息地驮起伟岸的形象和耀眼的华丽。但是，世人往往太过肤浅和势利，总是赞美伟岸，簇拥华丽，忘却平实。面对一座座摩天大楼，除了仰头而望外，有多少人会想到它的桩基，或者那些辛勤的创造者。所以在生活中，渴望"空中楼阁"的人屡见不鲜。

中国现代著名的哲学家冯友兰先生认为，凡是能使某事成功的方法就是最平实的方法。如果一个人想发财，最平实的方法，就是去竭力经营。

纵览古今中外的成功人士，其成功的足迹无不洒满勤劳的汗水。我们每个人都能吟诵几句勤奋格言，也能述说出几个伟人的艰辛，并为之感动和赞叹。但你一定会说我不是伟人，只是望而兴叹。这种遗憾并非智力的失败，而是人格的失败。

胡适先生说过："血汗苦功用到了九十九分时，也许有一分的灵巧新花样出来，那就是创作了。颓废慵懒的人，痴待'灵感'而来，是终无所成的。"可见，勤奋虽不是绝对成功的法宝，但也是走向成功最平实的大路。

中国有句俗话"一勤天下无难事"，只要你肯付出辛苦，只要你愿意不断刻苦学习，成功的大门就会向你敞开。

生命的收获不在起点，而是在征程的终点

生活中常有人把"胜利"或"失败"都归结于"命运"，认为一旦它要故意找碴儿，无论你是"战"还是"不战"，那结果都将是一样的。然而，既然你能够承认"命运"的存在，那么你为何不能让自己比它更强呢？你应该知道，生命的收获不在起点，而是在生命旅途的终点。扼住命运的咽喉，也就等于把最终的胜利不由分说地攥在手里了。

贝多芬早在 27 岁时就有听力障碍了。开始是左耳，后来右耳也患疾。随后他的听力逐步衰退，52 岁时已无法从事演奏和指挥，那时他全聋了。

耳聋对这位天才的音乐家是个致命的打击，因此，他曾经产生过自杀的念头。然而，他那钢铁般的意志终于改变了他的人生观，他说："我要扼住命运的咽喉，决不许它毁灭我！"所以，在听力衰退的 22 年里，他曾使用了各式各样的工具来帮助他增强听力，包括一些喇叭形的助听

器。然而这类助听器对于辨别声音的能力并没有太大的帮助，因此，他就自己设计了有一条额带可以固定在头部的喇叭形助听器。有时他还使用一只木质的鼓槌，一端咬在上下牙缝之间，另一端则附在钢琴上，这样声音的振动可以沿着鼓槌而到牙齿再传经头骨进入耳内。

贝多芬耳聋以后，他对学习和创作更加勤奋，对时间也倍加珍惜。为了让艺术的火花永不熄灭，他每天都要长时间地练习弹琴，弹得多了，手指发热，他就在琴旁的凉水盆里泡一泡接着再弹，不知不觉中，很多时辰过去了，水撩在地板上积少成多，最后竟从地板缝漏到了楼下的屋子里……

贝多芬懂得勤奋者既要珍视时间，同时要在事业上舍得花费时间。他对创作的态度非常认真，他的作品不仅在动笔之前要经过反复思考，还要不断修改。著名的《莱昂诺拉》序曲，写了不下三四稿；为歌剧《菲德利奥》第二幕开始的一个引子，竟改写了 18 次之多。

正是在与命运的顽强搏斗中，贝多芬成功地创作了一曲曲不朽的世界名作。当耳聋逐渐加重时，却正是他重要作品的产生时期：1801 年的《月光奏鸣曲》；1804 年的《第三（英雄）交响曲》；1806 年的《第四交响曲》、《热情奏鸣曲》；1808 年的《第五（命运）交响曲》、《第六（田园）交响曲》。而这些重要的作品，几乎都是完成在他那与世俗噪声隔绝的世界里。

贝多芬是一个伟大的胜利者。他所取得的胜利果实，不仅是将永远轰鸣下去的乐章，更有那永远鼓舞后来的人们与失败和"命运"坚持战斗下去的宝贵精神。在众多的音乐大师之中，为什么贝多芬的名字对后人的影响很大，会带给人们除了音乐成就之外更多的东西呢？恐怕原因正在于此。

我们从小就知道许多成功定律和名言俗语，比如："勤能补拙"、"勤奋可以制造一切"、"成功的人之所以成功就是因为他们比别人更加勤奋，更加努力"、"天下没有白吃的午餐，唯有比别人多一分努力，才能立足于社会，超凡脱俗"、"努力不一定成功，不努力肯定不能成功"。许多人还总结出不同的成功公式，如"勤奋＋天分＋机遇＝成功"等等，不难发现，在这其中有一个共同的不可或缺的组成部分就是勤奋。勤奋在事业成功中的重要性可见一斑。

下篇　做生意

圆融财源滚滚来

◆━━━━━━━━━━━━━━━

"做生意"这三个字，说起来简单，但真要做起来却有很多学问。做生意不仅要讲究眼光敏锐及行业技巧，更要注重诚信和人脉。精明的商家，总是知道如何将商业意识渗透到生活中的每一件事中去，甚至是一举手一投足；充满商业细胞的商人，赚钱之道可以说是无处不在、无时不在。

▶▶ 第十一章　掌控人脉抓到钱

人脉含情

　　曾任美国总统的西奥多·罗斯福曾说："成功的第一要素是懂得如何搞好人际关系。"

　　也许你没有富爸爸，没有可减少奋斗二十年的终身伴侣，但懂得人脉学，一样可以得贵人襄助、获得多方援助。人脉资源可以让你比别人快速地获取有用的信息，进而转换成工作升迁的机会，或者财富；而在危急或关键时刻，也往往可以发挥转危为安，或临门一脚的作用。

　　人脉资源是一种潜在的无形资产，是一种潜在的财富。表面上看来，它不是直接的财富，可没有它，就很难聚敛财富。不是吗？即使你拥有很扎实的专业知识，而且是个彬彬有礼的君子，还具有雄辩的口才，却不一定能够成功地促成一次商谈。但如果有一位关键人物协助你，为你开开金口，相信你的出击一定会完美无缺，百发百中！

　　人脉资源越丰富，赚钱的门路也就更多；你的人脉档次越高，你的钱就来得越快、赚得越多。只要善于把握、打理、培植你的人脉，就能聚集人气，进而铸造人望，有了这样的臂助，资金、技术、渠道还不是唾手可得，何愁大事不成？

除了爱情、亲情之外，我们每个人都要面对世间无数的人情。关系近一点的，谓之友情，欢乐忧愁都可分享；远一些的，也有泛泛之情，婚丧嫁娶要破财随"人情"；关系恶劣僵硬的，更少不得嗔怨情，伤和气伤身体。

观事业有成之人，有些固然是天赋异禀可恃才傲物之辈，但更多的还是朋友遍天下行走可借力的人。还是那句老话，人有智商、情商、财商，高到一定程度，自然可以挖掘人脉潜力、聚拢无穷人气、成就非凡人望。一个好的人脉关系网，可以让你的个人职业生涯和生活更容易成功，带来更多财富。

在中国，人脉资源尤为重要，如果你想获得事业的成功，尽早建立自己的人脉资源网吧。如果你的人脉网上有达官贵人，下有平民百姓，而且，当你有喜乐尊荣时，有人为你摇旗呐喊，鼓掌喝彩；当你有事需要帮忙时，有人为你铺石开路，两肋插刀，你就能感到人脉的力量！

你的人脉资源越宽广，做起事来就越方便。每个人都希望那些有影响力的大人物能够助己一臂之力，使自己在事业的发展上，能够少遇些障碍。积累丰富有效的人脉资源是我们到达成功彼岸的有效捷径，是一笔看不见的无形财富！

不论你在公司做什么工作，最大的收获不只是你赚了多少钱，积累了多少经验，而重要的是你认识了多少人，结识了多少朋友，积累了多少人脉资源。这种人脉资源不仅对你在公司工作时有用，即使你以后离开了这个公司，还会发生作用，成为你创业的重大资产。拥有它之后，你知道你在创业过程中一旦遇到什么困难，你该打电话给谁。

现在的"人脉"交往更看重的是交往后面的"利益"二字。不管你愿不愿意承认，"人情法则"已经演绎成一种社会法则。台湾大学著名心理学家黄光国认为："'人情法则'不仅是一种用来规范社会交易的准则，也是个体在稳定及结构性的社会环境中可以用来争取可用性资源的一种社会机制。"

交易双方的感情纽带紧密还是松懈，便会影响到以何种法则来进行交易，进而最终导致交易成本的多寡。显然，掺杂了"情感关系"的交易行为会比单纯"工具关系"的交易行为付出的交易成本小得多。

别人要不要"卖个人情"给你，除了考虑自己的代价和你的回报之外，还有你拥有的人脉有多少，对自己有多大的影响力也是要考虑的范畴，人情、关系之重要越来越明显。

在这个信息发达的时代，拥有无限发达的信息，就拥有无限发展的可能性。信息来自你的情报站，情报站就是你的人脉网，人脉有多广，情报就有多广，这是你事业无限发展的平台。

斯坦福（Stanford）研究中心曾经发表一份调查报告，结论指出，一个人赚的钱，12.5%来自知识、87.5%来自人脉资源；另外，美国人更有名言说：二十岁靠体力，那三十岁靠脑力，四十岁以后则靠交情。由此可见，人脉资源在你的一生中扮演着多么重要的角色。

假如你有12位客户，也许这12位客户中的每一个客户都有12个朋友，假如这12位客户都愿意为你做介绍的话，那么你就会有144位客户。服务好这144位客户之后，假如这些客户都愿意再为你转做介绍的话，那么你将拥有1728位客户……

　　要成大事，先要会做人。而会做人，即是善于在交往中积累人脉资源。若能做到圆通有术，左右逢源，进退自如，上不得罪于达官贵人，下不失信于平民百姓，中不招妒于同行朋友，行得方圆之道，人脉大树枝繁叶茂，那成大事一定不在话下了。

　　红顶商人胡雪岩就是这样一个人，在晚清混乱的局势中立足脚跟，在商业上红极一时。纵观胡雪岩的一生，其成功之处可归结在为人处世上，他能在乱世之中，方圆皆用，刚柔皆施，懂得如何积累人脉资源，并利用它为自己的商业经营铺路。

　　如何扩大我们的人脉资源呢？如何提升我们的人脉竞争力呢？从现在起，累积你的"人脉存折"，扭转命运，因为人脉具有很强的神奇效应。对于个人而言，专业是利刃，人脉是秘密武器，如何以自然的、有益的、互利的方式去经营你的人脉，是胜负关键。

　　你也想拥有自己的人脉资源吗？那么从现在开始聚集你的人脉和人气吧。其实，这也很简单哦。

　　第一，你要慷慨大气地涉交，多交真心朋友。经常喝酒吃饭的那是酒肉朋友，不见得能换得真心。但发展人脉的出发点就是先"跑量"，然后再从中精选可重点发展的对象，走好第一步，慷慨对人，让他人感受你的慷慨与大气。

　　第二，放低姿态，增加你的人气。美国哈佛大学人际学教授约翰·杜威曾经说过："人类本质中最殷切的需求是渴望被肯定。"即使你是一个非常慷慨的人，天天请朋友们吃饭 HAPPY + OK，但总抱着骄傲自大、旁若无人的心态，别人说句什么就要反驳，那么估计你的朋友数量也不会太多的。

当然，我们不是提倡言不由衷地乱敷衍朋友，而是要学会"放低姿态、放下身段"，低下头来，学会仔细倾听别人说话，更要学习"忖度他人之心"，理解朋友这样说的原因和立场，让朋友感到自己被尊重和理解，才是最重要的。

第三，千万不要以过于势利的短浅眼光经营人脉，看别人现在飞黄腾达、大富大贵、出金入银，就一副小人嘴脸伺候着，看别人现在是个穷困潦倒的小人物就忽视、轻视、鄙视别人。殊不知，三十年河东，三十年河西，老人言：说不定哪块云彩就有雨呢！

第四，就是患难见真情。一个人的一生大概可交往两百多位朋友，最核心的可以有五十来位。一般人看似朋友不少，但称得上交情的却乏善可陈，愿意为你两肋插刀、雪中送炭的都不是这些看来热络却只是点头之交的人，而是你可能忽略、却真正重视和你交往的真心朋友。

最简单的办法就是，在朋友平时健康平安的时候和他们多多联系，哪怕一句问候、一句祝福；在朋友落难困苦的时候便伸出援手热心地帮助他们渡过难关。危难时刻建立的人脉资源可以受用终身的。

另外，做人、做事都要坚持原则，讲求人脉，不是要你去奉行是人就交朋友的"小人之交"，而是要选择有原则的"君子之交"。

当然，时不时地在网上聚聚人气也是个好办法。现在科技的发达，让人际网络的往来，变得多元而复杂。在某种程度上来说，红火无比的"超级女声"们也是聚集了数以万计的人脉，光是为她们发的短信就超过千万条。网络交友已经成为时尚和流行，也是不错的"从虚拟变现实朋友"的渠道。

再有就是时常翻翻你的名片册，名片是拿来用的，不是收藏的哦。

中国台湾有位著名的"名片管理大师"杨舜仁，他号称有 16000 多张不同人的名片，而他自己建立的一套名片管理系统，可以在几秒内找出任何一个想要的人的资料。他非常重视人脉的"保鲜"功夫，经常写封"嗨！我是舜仁，好久不见啦，最近过得好不好？"之类的短信，发给数百位朋友。

从现在开始整理你手边的名片，绝不会太迟。

人脉也可以为你带来滚滚财富。人脉就是钱脉！要想成功，就一定要营造一个适于成功的人脉关系网。一个没有良好的人脉的人，即使再有知识，再有技能，那也得不到施展的空间。

良好的关系就是财富

对致富者来说，良好的关系就是一笔巨大财富。良好的关系可以给致富者创造很多机会，有助于财富的增值。同时也可以使致富者的财商智慧通过关系得到最大的发展。所以，富人经常说："关系就是财富，关系能生钱。"

这里所说"关系能生钱"中的"关系"指的是良性关系。事实上，所有想成功致富的人都想建立起自己的"关系网"，但受社会风气的影响，致使许多人往往对"关系"一词产生误解，容易将"关系"一词与"腐败"、"权钱交易"等联系起来。社会中确实有些人利用自己手中的职权或腰包里的金钱乱搞"钱权交易"，但这并不在我们所提倡的致富"关系"之列。

良好的人际关系具有以下四大功能：

（1）产生合作力。

人们常说："团结就是力量"、"人心齐，泰山移"，说的就是这个道理。现代社会，分工越来越细，竞争越来越激烈，单凭一个人的力量是无法取得事业成功的，只有借助众人之力，才有可能创造辉煌的人生。

（2）形成优势互补。

俗语说："一个篱笆三个桩，一个好汉三个帮。"现实生活中，一个人即使再优秀，也不可能样样精通。所以，要完成自己的事业，就要善于利用别人的智力、能力和才干。

（3）联络感情。

人是一种感情动物，必须经常进行感情交流。在致富的道路上，要想获得成功，不仅需要依靠个人的努力，而且需要友谊的滋润。良好的人际关系会使致富者获得一种强大的力量，在成功时得到分享和提醒，在挫折时得到倾诉和鼓励，使心理上得到有益平衡，从而向更高的财富目标进军。

（4）交流信息。

对致富者来说，掌握了信息就等于握住了成功的机会。良好的人际关系，可以帮你及时获得珍贵的信息，这样，你就可以在竞争中始终保持领先优势，取得事业上的成功。

被称为"景泰蓝大王"的中国香港富豪陈玉书，十分注重建立自己良好的关系网，并且凭此身经百战，每遇困境都能渡过难关。1975年的一天，陈玉书游览维多利亚公园时，碰巧遇到了熟人。经这个熟人介绍，后来认识了印尼驻港领事的妻子，恰巧这位领事妻子与陈家颇有渊源，从此，陈玉书便与领事一家结下了良好的关系，并逐渐建立起了一张奇妙的关系网。正是这张效用巨大的关系网帮助陈玉书办成了别人不能办的事。当时，普通人想得到一张印尼的商务签证相当不容易。于是，陈玉书就凭着与领事的特殊关系，为那些办签证的人服务，从中赚取服务费。第一次办成时，他得到了 5 万元的报酬，这令他喜出望外。于是，他立即决定创办一家专门从事签证服务的公司，正式对外营业。靠签证做生意，陈玉书不仅赚到了钱，而且与其中的不少商界人士建立起了朋友关系。利用这些朋友关系，他了解了不少商业行情，于是抓住机会，进军大陆贸易，开辟了事业的新天地。

从陈玉书的经历中，我们可以看出"关系"对致富者的巨大推动力。

"关系"是致富者取得成功的关键因素，"关系"可以作为创业资本。对致富者来说，要使"关系"帮助自己创业成功，还必须注意提高自己的财商能力，因为一个没有财商能力的人即使拥有再好的关系也难以致富成功。

在合作中获得双赢

现代社会，人们之所以需要合作，首先是因为每个人的能力有限，其次是因为每个人的能力倾向各不相同。聪明人的特征并不在于他的智商有多高，而在于他善于与人合作，共同发展。这是致富者必须铭记的一条哲理。

中国香港两大富豪李嘉诚和包玉刚的联合可谓成功的经典，当年包玉刚帮助李嘉诚控股和记黄浦，李嘉诚则帮助包玉刚登陆九龙仓。联合益友，能产生"1+1>2"的效果。这样的道理，一旦被掌握和应用到实际中，就能产生巨大的推动力，让应用它的人在事业上不断地前进，创造辉煌。UT 斯达康公司的总裁吴鹰就深深懂得这个道理，并把它熟练地加以运用。

1985 年，25 岁的吴鹰放弃了令人羡慕的北京工业大学的教职，踏上了前往美国的飞机。在美国，吴鹰就读的是电机系电子工程专业数字信号处理，学业很重，不少美国学生感到很吃力。但吴鹰在学习之余还坚持做兼职，除了助教，他还在一家公司做技术开发。这让他学到了许多东西，为他积累了日后自己创业和管理公司的经验。

1986 年底，吴鹰进入了著名的贝尔实验室。在世界通信领域，美国引领着世界潮流，而贝尔实验室则执美国通信研究之牛耳，该实验室有 7 名诺贝尔奖获得者。贝尔实验室良好的科研环境，极大地开阔了吴鹰的眼界，使他进入当时鲜有人知的多媒体研究，为其以后在通信领域的发展打下了深厚的技术基础。不仅如此，贝尔实验室还以它优厚的待遇和终身雇员制使吴鹰圆了自己的"美国梦"。然而时间一长，吴鹰发现这些东西都不足以让自己满足，他需要的是尽可能大的发展空间。但是，贝尔实验室在这点上却让吴鹰深感失望。在那里，作为华人，吴鹰不能参与最顶尖的项目研究，不能参加最重大的业务谈判，因此，他觉得十分郁闷。

1991 年的一天，同在贝尔实验室工作的同胞薛村禾打电话给吴鹰，问他是否想创办自己的公司。当时吴鹰一口就答应了，第二天两人就决定办一家自己的公司，于是，斯达康在美利坚合众国的土地上诞生了。

就在吴鹰全速前进时，他遇到一个对他日后的发展产生重大影响的人：留学生出身的陆弘亮站到了吴鹰面前。为了一个相同的梦想，两人一见面就做出了一个永远值得庆幸的决定——两家公司合并。

1995 年，合并后的 UT 斯达康问世了，陆弘亮出任美国 UT 斯达康总裁。合并后的公司总部设在美国硅谷，而公司运营的重心则放在了中国，准备把中国当作一个大市场来做。通过合并设立，UT斯达康被打造成了一个真正具有中国特色的美国公司，吴鹰和他的伙伴以美国式的方式管理公司，这样就远远走在了国内同行的前面。

吴鹰说："自己注册一家公司做老板是很容易的事，但如果人人都想自己当老板，往往就做不大。只有联合起来，才能做到'1+1>2'，"合并后的新公司证明了这一点。公司高速向前发展，1996年销售额达到3700万美元，1997年达到6000万美元，1998年近1亿美元，1999年突破1.8亿美元。

现代社会，已不存在"个人英雄主义"。"互惠互利"的合作是人类生存的基础和前提。双赢理念则是人们生活的基本理念，合作则是双赢理念下人们所选择的最佳行为。

善于合作就是双赢，也就是成功。个人的力量总是有限的，而弱者联合则可以壮大自己。中国人说："团结就是力量。""三个臭皮匠，赛过诸葛亮。"西方有谚语："两人智慧大一人。"特别是在成功的路上，大凡明智之人都善于通过与人联合来改变自己的命运。

善于让利，加固关系

在追求财富的过程中，许多人喜欢掠夺式地开采资源，希望做一笔生意，就能实现发家致富的愿望。然而，当这种掠夺性的市场开发策略使自己生意的上下游利益方受损时，不仅要失去一次生意机会，更为严重的是可能要断送掉自己辛辛苦苦建立起来的财脉。

日本东京川岛公司董事长大田川岛初到东京的时候，在一家包装材料厂当销售员，薪金微薄，时常囊空如洗。由于无钱可花，所以下班后，他唯一的乐趣就是在街市走走，欣赏别人的服饰及所购物品。

有一天，在街市漫无目的地散步时，大田川岛注意到许多购物者都提着一个纸袋，是买东西时商店给顾客装东西用的。他认为纸袋具有巨大的市场需求空间，做纸袋生意一定能赚钱。

然而，大田川岛深知，自己缺乏资金，条件比别人差，因此，只有用自己所创的"原价销售法"才能在竞争激烈的商战中获胜。

大田川岛的"原价销售法"其实很简单。首先他前往麻产地——冈山的麻绳商场，以每条 5 角钱的价格大量买进麻绳，然后按原价卖给东京地区的纸袋加工厂。这种完全无利润的生意做了一年后，"川岛的绳索确实便宜"的名声便在纸袋制造行业内传播开了。随之，各地订货单像雪片似的被源源不断地送来。此时，大田川岛开始按部就班地采取他的行动。他拿着购货收据，前去订货客户处诉说："到现在为止，我是一毛钱也没有赚你们的。但是，这样让我继续为你们服务的话，我便只有破产的一条路可走了。"川岛这番诚实的话深深地感动了客户，结果，他们都愿意在原来的基础上提高交货价格。

同时，大田川岛又与冈山麻绳厂商洽谈："您以前卖给我一条 5 角钱，我是一直按原价卖给别人，因此，才得到现在这么多的订货。如果这种赔本生意一直让我做下去的话，我只有关门倒闭了。"冈山的厂商仔细看过他开给客户的收据存根后，大吃一惊。这样甘愿不赚钱做生意的人他还是第一次遇到，于是就不加考虑地一口答应他一条的价格为 4 角 5 分钱。

结果，以当时大田川岛一天 1000 万条的交货量来计算，他一天的利润就是 100 万日元。创业两年后，他就成了真正的富人。

成功致富者都善于让利、注重长远、追求双赢、以退为进，这样就能建立良好的关系，最终在追求财富的过程中大获全胜。

筹集资源，将蛋糕做大

当今时代，人们必须明白这样一个道理：最有力量的人是那些善于组织资源、管理人才的人。

中国的西部隐藏着许多几十年前建设的军工企业与研究所，现在仍有成千上万名优秀的知识分子聚集在那里，但是那里的财富却少得可怜。这主要是因为先进的科技知识没有被筹集起来，形成真正的力量，致使这些资源大多被白白浪费了。

在我国东南地区，即使中学毕业的普通人也被组织起来，他们在大大小小的工厂里工作，团结在工厂老板周围。这些老板把他们聚集到了一起，让他们最大可能地发挥了自己的才能，创造了惊人的财富。

资源只有筹集起来才能变成真正的财富，而成功致富者就是资源的筹集者。他们引导与自己一起工作的人，创造一种和谐的工作气氛，使人们在合作与分工中贡献他们的才能与智慧。

一盘散沙，尽管它金黄发亮，仍然没有太大的作用。但是如果把它掺在水泥中，就会制造出建设高楼大厦的水泥板和水泥墩柱。如果把它烧结冷却，它就变成晶莹透明的玻璃。单单一个人就犹如散沙中的一粒，只有与人合作，才能起到意想不到的变化。

有的人认为，财富总是有一定的限度，你有了，我就没有了。其实，这是一种享受财富的哲学而不是一种创造财富的哲学。在这里，我们更关注的应该是财富的创造。

　　谁都知道，同样大的一块儿蛋糕，分的人越多，自然每个人分到口的就越少。但如果是许多人在联手制作蛋糕，那么蛋糕就会不断地增大，我们就会分到更大块儿的蛋糕。只要蛋糕还在不断做大，眼前即使分得块儿小一点，随后也可以再弥补过来。这样，就诞生了一种新的分财哲学：你好，我也好，合作起来更好。

　　遗憾的是，有些人认为，生意场上就是充满着尔虞我诈、兵戎相见的残酷竞争，所以，你必须践踏别人、糟蹋别人、利用别人，以至于自己拥有的资源不愿意与人分享。反过来，想利用别人的资源，却又不好意思张口。这样的心态是成功致富的最大心理障碍，绝对不利于个人的财富积累。

　　与人携手，把蛋糕做得更大一些，这样你就会拥有更大的财富蛋糕。

▶▶ 第十二章　练就慧眼找商机

从众人关注中找商机

　　社会生活中总会发生大大小小的事件，当这些事件成为人们生活的焦点时，它也就成为社会的"热点"。所谓"热点"，指的就是某时期引人注目的问题。面对同样的"热点"，不同的人会有不同的态度，常人也许仅仅以旁观者的身份关注一下，但精明的商人们却不仅如此，他们还会从中挖掘更多的商机，李树斌便是其中之一。

　　李树斌是马来西亚人，从小就梦想着将来能通过做生意发大财，于是，大学毕业后，他没有去找工作，而是向银行借了笔钱，办了一家日用小商品生产厂。但由于市场竞争十分激烈，几年下来，李树斌的事业几乎还是原地不动，这令他十分苦恼。不过他是一个认定一件事就会干到底的人，所以他从来没有想过要放弃自己的小工厂，而是一直在寻找发展壮大的机遇。

　　1998 年，马来西亚有一位名叫费伊的少年，因盗窃公共财物被捕，由于不符判刑条件，便给予一顿鞭刑以示惩戒。这本属平常小事，但被媒体披露后，竟在全马来西亚引起了轩然大波，一些人认为，运用这种残酷的刑罚，对待一位尚属初犯的少年，很不人道；也有一些人觉得，青少年犯罪日益增多，很重要的原因之一就是在人权的掩盖下，未能得到应有的惩戒，这样，必然惯坏孩子，走上更大的犯罪道路。双方争辩十分激烈，引起国际社会的广泛关注。

作为马来西亚的一分子，李树斌当然也十分关注这一"热点"事件。不过，和一般人不同的是，他关注的不是争辩双方的对与错，而是这件事能否给他的事业带来发展的机遇。有一天，他突然灵机一动：要是开发一批带有警示性的日用品，趁机投放市场，不是可以受到那些支持对犯罪少年加以惩戒的人的青睐吗？并能让青少年在无痛苦中得到警示。

很快地，他请人设计了一个藤条刑具的图案，印在T恤衫、茶杯、书包上，并加上一条广告语：不用藤条，便会惯坏孩子！

结果和李树斌预料的一样：其带有藤条刑具图案的T恤衫、书包等日用品十分畅销。大多数马来西亚中老年夫妇都争相购买，以警示自己的儿孙。

就这样，李树斌抓住了众人讨论青少年犯罪是否该受到严惩这一热点事件创造了一次商机，开发了日用品新市场，让自己的公司从此声名大振，发了一大笔财，走出了事业的低谷。

对于"热点"的把握，成就了李树斌的企业。正是他无比精妙的创意，将"热点"及时变为"卖点"，才使他的公司从此名声大振。

现代社会瞬息万变，这也导致了竞争的加剧，于是人们开始慨叹："生意越来越难做，钱不好赚了。"表面看来确是如此。但细细探究，却并非这样，有如此抱怨的人，他们大都是不能把握机会的弱者。

其实，在信息膨胀的今天，每天都会有大量的新闻资讯，其中自然不乏"热点"事件，而恰恰是这些"热点"，吸引了无比众多的眼球。所以，发掘社会生活中的"热点"，把"热点"转化为产品的"卖点"，消费者的注意力便会集中到你身上。

别人的需要正是我的机会

如果说一个人身无分文，却做成了一桩价值 6000 万美元的连环买卖，你信不信？但有人却真的这样做成了。他从一个信息入手，挖掘其中的潜在价值，并且以此为出发点自己去制造商机，经过一环扣一环的生意，最终获得了成功。

拉菲尔·杜德拉是委内瑞拉人，原是一家公司的职员，经常为生计问题犯愁。怎样实现自己富翁的目标呢？杜德拉思索着也留意着……

有一天，杜德拉获悉阿根廷打算从国际市场上采购价值 2000 万美元的丁烷气。虽然财力不足，但他却意识到这是个难得的商机，所以他很想接下这宗生意。他决定去阿根廷考察个究竟，看看这一信息是否属实。到那里一打听，发现果有此事。于是他开始盘算怎么争取到这笔生意。

此前，杜德拉从未接触过石油业，对该行业可以说是个"门外汉"，要做起来也会有一定的困难。经过多方面调查后，他发现这宗生意已有两位非常强大的竞争对手，一是英国石油公司；一是壳牌石油公司。这两个公司财雄势大，有丰富的石油经营经验。杜德拉知道，如果从正面与这两大竞争对手较量，无疑是"以卵击石"。于是，他决定采用侧面进攻的战术参与这 2000 万美元买卖的竞争。

为了找到一个好的方法，杜德拉再次对阿根廷市场做深入调查，发现这里的牛肉过剩，急于寻找出路。他反复思考，认为可以在这个问题上大作文章：如果自己能帮阿根廷推销过剩的牛肉，就可以促使阿根廷购买自己的丁烷气。

拿定主意之后，杜德拉来到阿根廷政府有关部门，并对他们这样说："如果你们向我购买 2000 万美元的丁烷气，我便向你们订购 2000 万美元的牛肉。"阿根廷政府觉得杜德拉的条件优于其他竞争者，能解自己的燃眉之急，便决定把采购丁烷气的投标机会给他，使他一下有了强大的进攻力量。

接下来，杜德拉在寻找牛肉买家的过程中，获得了这样一条信息：西班牙有一家大船厂，这家工厂制造能力很强，却缺少订单，工厂处于半停产状态，西班牙政府十分关注。杜德拉认为这条信息又是一个很好的机遇，便前往该国的有关政府部门游说。他表示："假如你们向我买 2000 万美元的牛肉，我便向你们的船厂订制一条价值 2000 万美元的超级油轮。"这一条件对西班牙政府来说是求之不得的，因为他们本来就要进口大量的牛肉。于是，他们立即达成协议，并通过西班牙驻阿根廷大使与阿根廷联络，告诉阿根廷将杜德拉所订购的 2000 万美元的牛肉直接运往西班牙。

事实上，杜德拉在向西班牙推销牛肉之初，就已在物色购船的客户。最后他找到美国的太阳石油公司洽谈。他对这家公司的老板说："如果你们肯出 2000 万美元来购买我的一条超级油轮，我就向你们购买 2000 万美元的丁烷气。"太阳石油公司想，反正自己是要买油轮的，现在他能买自己的产品，条件是有利的，便欣然接受了。

最后，这宗一环扣一环的买卖终于实现了。杜德拉所做成的生意不是最初的 2000 万美元，而是 6000 万美元。他在这桩巨额的交易中，分文资本不出，却从中获取了数百万美元的利润。此后，杜德拉继续运用这种经营术，连连取得成功，很快就成了世界巨富。

虽然买方与卖方永远存在，但他们的信息并不对等。也就是说，急于卖出的却可能一时找不到买家，而想要买的却又找不到卖主。这时，像杜德拉这样的牵线搭桥者便出现了，他通过自己所掌握的信息促成了多方的买卖成功。商机无处不在，但它却不会平白无故地青睐于谁，更多的时候需要你去制造。

商机就须以快取胜

一个企业的发展过程，同时也是企业发现问题、分析问题、决策问题的过程，无论决策如何，在这个瞬息万变的年代里，决策的速度是极为重要的。这个规则信奉的是：若有七成胜算就应迅速决策；若只有五成胜算，则不适于下战书挑战市场的既有劲敌；若要等到有九成胜算，则早已时不我待。

20 世纪 80 年代初，可怕的"艾滋病"悄然在美国出现，只要在性接触中稍有不慎就会惹上它，而且一旦感染便无药可救，只能在痛苦中无助地死去！

小小的避孕套却可以帮助那些既想性开放又不想那么快去见上帝的人。"美国避孕套需求量大增，本土没多少存货，造成市场脱销"。这个消息被两个原来就生产避孕套的日本人知道了。他们马上大量招工，开足机器，三班运转，最大限度地生产那小东西以满足美国人的需要。

当产品生产出来、一箱箱包装好之后就放在仓库里，成了他们心中的石头。怎样运到美国去？成本当然是海运最便宜，但时间太长；空运成本大，差不多是海运的几十倍。商机是瞬息万变的，谁知道将会发生什么事呢？权衡再三，他们决定采用紧急空运，以免夜长梦多。当避孕套空运到美国后，很快就成了抢手货，各代销店门庭若市，熙熙攘攘，好不热闹，从日本来的两亿只避孕套很快就销售一空。两个东洋人可以在太平洋的彼岸，舒舒服服地坐在写字楼里，高兴地慢慢数钱了。

当时美国也有工厂想做这生意，当他们看到日本人那么快就占领了市场，日本的牌子打响了，渠道也让他们先占了，这些美国人也只好打消了这个念头。

对于商机，一念既定，余下的就是找办法，尽最大可能疯狂地去寻找急速取胜的办法。让与你有同样念头的人只能望其项背，最好能使他们因你的反应之快而不得不选择放弃与你竞争。

排除障碍占商机

有的机会并不是那么好抓，而是要透过困难的表象，能看到背后的机会。尤其当你的事业不再是一个人的简单的买入卖出行为，而是在一个企业的经营模式下运行时，更要具备这种能力。

1972 年，张果喜所在的厂因为经营管理不善，效益每况愈下，已濒临倒闭的边缘。结果，无法自负盈亏的木工车间被从厂里分离出来，单独成为木器厂。年轻的张果喜被任命为厂长。

张果喜名义上是厂长，可实际上，除了三平板车木头和几间破工棚，就只有 21 名职工和他们的家庭近百口人的吃饭难题，以及"分"到他们头上的 2.4 万元的沉重债务。

到了第一次发工资的日子，张果喜这个厂长手上却连一分钱也没有，血气方刚的他找到父亲，要把家里的房子卖了——那房子还是土地改革时分给他们家的，已经住过张家祖孙三代人。人家当了厂长，忙着给自家盖房子，张果喜这个厂长却急着卖自家的房子。尽管如此，通情达理的父亲理解儿子的难处，还是同意了。房子卖了 1400 元，张果喜全部拿到了厂里，这成了他们最初的本钱。

单靠这点钱，又能发得上几回工资呢？木器厂必须得找到能挣钱的活干。张果喜想，一定得另找出路。

情急之下，他想到了上海。

张果喜和他的伙伴，四个人带了 200 元钱，闯进了大上海。因为怕被扒手扒去这笔"巨款"，他们躲进厕所里，每人分 50 元藏在贴身口袋里。晚上舍不得住旅馆，就蜷缩在第一百货公司的屋檐下打地铺。他们从上海人口中得知，上海工艺品进出口公司大厦坐落在九江路——九江可是江西的地名呀，他们感到了几分亲切，也更增加了几分希望。

在工艺品进出口公司陈列样品的大厅里，张果喜被一种樟木雕花套箱吸引了目光。套箱是由两个或三个大小不一的箱子组合而成的，每个箱子都是单独的工艺品，套在一起又天衣无缝；箱子的四沿堆花叠翠，外壁层层相映着龙凤梅竹，显得精美非凡。当他听说每件套箱的收购价是 300 元时，觉得这简直是天上掉下来的馅饼！

300 元啊，他们四个人千里迢迢来闯上海，全部盘缠也不过才 200 元呀！他决定接下这批活儿。

工艺品进出口公司答应了张果喜提出的承做 50 套出口樟木雕花套

箱的请求，并当场签订了合同。

张果喜的名字，第一次与 1.5 万元巨款连在了一起。

张果喜没有马上回去，他对伙伴们的木工技艺心中有数，知道要做这样精细的活计还有难度，所以，他们先在上海艺术雕刻厂学了一个星期的木雕技术，把看到的一切都牢牢地记住。临走时，他从上海艺术雕刻厂的废纸堆里拣回了几张雕花图样，又顺手牵羊地带走了一只报废的"老虎脚"。

回到余江的当天夜里，他顾不上休息，连夜召开全厂职工大会，要求大伙一定要把这第一批活干好。

但是，怎样才能干好呢?

张果喜把全厂的碎木料一一清理出来，分成三十几堆，全厂职工每人一堆，让大家照着样品上的花鸟去练习雕刻。接着，他把工人带到有"木雕之乡"美称的浙江省东阳市，向东阳县的老师傅学习；又把东阳的老师傅请到余江来教……就这样，张果喜和他的伙伴们如期交出了高质量的樟木雕花套箱。

在 1974 年的广交会上，他们独具一格的"云龙套箱"，造成了极大的轰动。

张果喜决心要将工艺雕刻这碗饭吃到底了！他给每一位雕刻工发了画笔、画板，要求每人每天一张素描，由他过目、评分。他挤出经费，让雕刻工外出"游山玩水"，接受美的熏陶。于是，各种题材、各种风格、各种流派的雕刻艺术，都汇聚到他的办公室，争奇斗妍。

1979 年秋天，张果喜再次闯进大上海。同样在上海工艺品进出口公司的样品陈列厅里，他看中了比雕花套箱值钱得多的佛龛。

这是专门出口日本的高档工艺品。日本国民家家必不可少的"三大件"，就是别墅、轿车和佛龛。佛龛用来供奉各种佛像，虽然大小只有几尺见方，结构却像一座袖珍宫殿般复杂。成百上千造型各异的部件，只要有一块不合规格或稍有变形，到最后就组装不起来，成为废品。因为工艺要求太高，许多厂家都不敢问津，但是，张果喜却看中了它用料不多而价格昂贵，差不多是木头变黄金的生意。

张果喜签了合同，带着样品返回家乡，一连20天泡在车间里，和工人们一起揣摩、仿制，终于取得了成功。张果喜庆幸自己抱住了一棵"摇钱树"——1980年，他的企业创外汇100万日元，其中60万日元是佛龛收入；1981年，他们创外汇156万日元，佛龛收入超过100万日元。

"车到山前必有路。"人有的时候缺的就是那么一点点压力，企业也是如此。在企业的发展面前横着无数的障碍，看似"山重水复疑无路"，但只要瞅准机会，顶着困难迎难而上，便能收"柳暗花明又一村"之效。

从信息中感知商机

聪明人从不把信息仅看做信息，而是把信息当成开采金矿的工具，充分利用这些工具，你会发现拥有金子是这么简单，经商之道讲求鹰的猎食之道，时时保持高度的警觉，从各种复杂多变的信息中感知机会。

中国改革开放政策造就的第一代富人之一李晓华，从卖冷饮起步，到后来成为千万巨富，上亿身家。而使李晓华真正跨进巨富行列的机遇，是他注意有价值信息带来的。

那年马来西亚筹建一条高速公路，对外公开招标，尽管政策优惠，但无人问津，因为这段路不长，而且车流量也不大，乍看上去，似乎无利可图。

李晓华赴马来西亚考察时得到一个信息：离公路不远的地方发现了一个大油田，储量十分丰富，但因为最后的确认工作尚未完成，这条重大新闻没有正式公布。

当时，对那条公路招标不利的信息很多。单就这条信息而言，如果不仔细鉴别，自然难辨真假。但李晓华弄清了这条信息的价值，认为，如果油田正式开采，那该公路的车流量可想而知，这块地皮的价值也将呈直线上升。经过周密筹划，他决定冒一回险。他拿出全部资金，又以房子等财产作抵押从银行贷款，筹齐了3000万美元拿下了这个项目。

这个风险实在太大了，贷款期限只有半年，到期必须还本付息，如果这期间内公路出不了手，贷款也就还不上，李晓华只有跳楼了。财产抵押后，因为没有钱，他经常吃盒饭或方便面，外出谈判业务往往坐飞机经济舱，不敢打"的士"，坐六毛钱的三轮车。更可怕的是精神上的压力和折磨，他每天看电视看报纸，盼新闻发布盼得两眼欲穿。

五个月过去了，那边还没有动静，李晓华的精神几乎崩溃，甚至开始考虑"后事"。又过16天，当他拿起报纸时发现他梦寐以求的消息终于公布了，他默默地舒了一口气。

一个生意人，在繁杂的市场竞争中，要善于处处做有心人，去细心寻找和提取各种有用的信息。想做大事者，以做到"眼观六路，耳听八方"为最妙。现在是一个信息化社会，谁掌握了信息，谁就掌握了主动权，谁占有了信息，谁就占有了商机。公开的信息对多数人来说提供了同样的机会，却只有极少数人能够把信息转变成商机，这部分人即使现在不是富翁，将来一准是。

练就一双识别机会的慧眼

辨识机遇的眼光并不是天生就有的，它是通过平时一点一滴积累的结果，这就需要我们时刻不忘充实自己，有意识地训练自己识机遇抓机遇的能力，而后加以验证，久而久之，必有收获。

"给我一个机会，我就会做成世界上最大的买卖。"这是李万成的名言。为此，他不懈地努力，不懈地在貌似平常的日常商业行为中发现新的机遇，并努力将它们转换成改变自己命运的新的契机。他是这样说的，也是这样做的，因而他的成功也就是理所当然的了。

李万成出生于福建的一个小商人家庭，自幼便随从事钟表行业的父亲来到香港。

由于自小出入表行，耳濡目染之间，李万成也与钟表行业结下了不解之缘。天有不测风云，在李万成只有十一二岁时，善良的父亲被骗去了大笔资金，从此家道中落。他不得不每天放学后就来到表行，帮忙做些铺子里的闲杂活计。

18岁中学结业后，李万成弃学从商，用自己的积蓄在尖沙咀开设了一家钟表行，取名为"李氏表行"，初尝当老板的滋味。

当时，日本经济腾飞，日本人组团旅游蔚然成风，李万成看准了日本游客喜欢疯狂购物的特点，全力拓展针对日本旅行团的业务。那时候他几乎每月便去一趟日本，联系旅行社并洽谈相关的业务，由于他有着良好的信誉和灵活的工作方式，他很快便取得了不少旅行社的合作项目。

日本游客常借购买钟表之际打听香港珠宝钻石饰物的行情，这又为李万成提供了一个商机，他立即把握住这一机遇，专门从表行中辟出一块天地，展出日本游客喜爱的各式欧洲名贵饰物和小商品，大受日本游客的欢迎。

慢慢地，李万成的生意越来越大，他凭实力与智慧取得了"劳力士"和"欧米茄"名表以及欧洲一些著名饰物的香港专卖权，经营进出口产品，使他获得了丰厚的利润。

由于看准了时机，把握了机遇，李氏表行在当时香港经济不景气的状况下，业务量反而蒸蒸日上。不久，他又在香港其他地区开设了几家专卖店。到 20 世纪 70 年代初，他已拥有了包括四间表行和一些小饰品专卖店在内的李氏集团，从而在香港商界确立了自己的地位。

此后，他又不断地向股票市场、石油市场进军。他把几家表行合并，再与从事地产投资的"喜来临置业公司"和专营珠宝饰物的"钻宝洋行"组合，成立了大型综合实业集团，至此，李万成扬起了他事业的风帆，开始了他成为亚洲顶级富商的征程。

有时，仅仅因为你抓住的这次机会，就可以改变你的一生。要想做一个成功的商人，最重要的就是对机遇的识别、判断、把握能力，要善于从身边那些微不足道的小事中发现机遇，并努力使之转化为自己事业的制胜良机。

从身边不起眼处找商机

做大生意赚取最大的利润更好，若不能，那就从身边的小生意做起，只要自己善于做，小生意里也有大商机。尤其对于那些刚开始创业的人来说，资金匮乏，没有固定的商业关系，想一口吃成胖子，上马就搞需要巨额资金或需要高新技术的项目，肯定是行不通的。稳妥之举是倒不如先从小项目、小生意入手，只要符合市场需求，满足人们需要，照样可以赚钱，甚至可以赚大钱。

20 多年前臧健和辗转来到香港，举目无亲，身无分文。她一遍又一遍告诉自己：

我不能这样失魂落魄地回到故乡！她决定留在香港。当时，除了一种永不退缩的精神，她一无所有。

很快，她就领略了捉襟见肘的生活。两个女儿有时饿坏了，只能啃自己的手指头。臧健和看在眼里，疼在心上。再找不到工作，她只好卖血了。她既不会英语，也不会粤语，找工作遇到了极大的阻力。除了卖苦力，她不知道还能干什么。劳工处的工作人员问她："你能干什么？"她小声说："现在我已经没有权利选择工作，而是工作在挑选我：做什么我都愿意。"说完，眼泪就在她的眼眶里打转。那位工作人员有些动容，没几天，就给她找了一份洗毛巾、洗厕所的工作。后来，她又兼职给一位老太太打针，晚上去洗电车。一天打三份工，经常累得两眼发黑。

后来，在一位朋友的建议下，她决定去做自己的事：卖水饺。

就这样，在人来人往的湾仔码头，臧健和第一次手忙脚乱地生着了火。8 岁的大女儿帮助包水饺，4 岁的小女儿帮助洗碗。几个小伙子很好奇，说是从来没有见过北方的水饺，想尝尝。臧健和把水饺递给他们，全神贯注地盯着他们的表情，忐忑不安地等待着他们的反应。出乎意料，他们都说好吃，每个人要了第二碗。从此，臧健和迈出了自己创业的一大步。

生意虽然很顺利，但政府不给发熟食牌照，因此时常会遭到警察扫荡，小女儿帮她洗碗，没事的时候，就帮她放哨。

有一天，小女儿忘记了放哨，结果她们被警察抓住了。小女儿一把抓住警察衣角："叔叔，这不是妈妈的错，是我没有看到你。"臧健和听了泪流不止，别人家的女儿现在被妈妈抱在怀里，而自己的女儿这么小就承担起生活的重荷。警察见状，眼圈也红了，小声说："你做生意吧。"

从那以后，她的水饺摊很少再被扫荡，卖水饺也不再仅仅为了养家糊口，而成了她的事业。她用的肉、菜、面都是最好的，她的洗碗布是雪白的。她的宗旨很简单：给顾客吃就像在家里给亲戚朋友一样去做，让每个朋友都满意。

久而久之，臧健和的水饺有了名气。报纸、电台等各大小媒体争相报道。慕名前来的食客要排一个多钟头的队，才可以买到。她们的生活可以衣食无忧了。

1981年，政府取缔流动摊贩，她便改在家里做生意，许多顾客都会找上门来，生活并未受到影响。一天，经亲戚介绍，日本大丸百货公司的老板找上门来，对她的水饺大为赞赏，说想跟她合作，由他出资建厂，办牌照由臧健和负责；另一个条件是要用他们的包装。臧健和想，这样一来，中国水饺不就变成了日本水饺了吗？她把技术卖给他们以后，他们还会不会与她合作呢？如果不，那她所有的心血岂不付诸东流？于是，她强烈反对。亲戚很不理解。他们说，天上掉下的馅饼，你还这么挑剔？其实，她早已成竹在胸，产品好，不愁找不到合作商。最重要的是不能丧失一个中国人的骨气。

最后，精明的日本人居然破例接受了她的条件。亲戚非常吃惊："一个在家里做水饺的家庭妇女，竟然把精明的日本人弄得唯命是从。”

臧健和与日本人的合作非常成功。

在香港贸发局举办的食品节上，她的“湾仔码头”北京水饺获得嘉宾一致好评。此后，她的产品成功地进入了八佰伴、万嘉等世界著名百货商场。1997 年，香港回归祖国，臧健和百感交集，她要把多年来苦心钻研的成果带回去。1998 年，她在上海浦东金桥区购买了 20 亩地，与一家美国公司合资兴建了一间大型现代化工厂，前期投资在 6000 万到 1 亿美元，在全国各地兴建 6 个到 10 个工厂。为了保持中国水饺的传统，臧健和固执地坚持最后一道工序用手包。在上海，每天有 300 名工人在作业。臧健和有一个梦想：让中国水饺像美国的汉堡一样，在全世界都能看到。

人们总是对平常的蝇头小利不屑一顾，认为那只会让自己原地打转，不会有什么大成就。但其实正如机会存在于一切事物中一样，小生意也有着无限的商机。真正缺乏的，恰恰是你低下头来认真做事的勇气。别以利小而不为，小生意也会蕴藏大商机。

步步求机可把小机会变成大机会

史亮从捡拾垃圾的小机会开始做起，不断发现、挖掘新机会，最终找到了一个又一个的大机会，这些机会也给他创造了巨额的财富。

史亮的事业，是从捡拾垃圾开始的。

从事这种工作是非常需要吃苦精神的，一个拾荒者，哪怕只收一个品种，如橡胶、塑料、金属等，一年下来的纯利不会低于 1 万元。但这是一个脏活、累活，哪怕垃圾堆里有金子，许多人也不屑一顾。因此，想在这一行有建树，不是一件简单的事情。史亮最初不得不靠捡拾垃圾维持生计这实属无奈之举，但自从半年后靠捡垃圾有了第一笔 1000 元积蓄后，他就敏锐地发现了其中的发财机会，并决心将自己的事业建立在为公众服务上。

捡了一段时间的垃圾后，有心计的史亮想到了众多拾荒者都不曾想到的一个问题：花钱收集起来的这么多垃圾到底有什么用？从收购者那里一打听，史亮就发现了其中的门道：这些垃圾中的塑料运到河北文安，铁皮罐、骨头运到天津蓟州区，玻璃运到邯郸，纸运到保定，有色金属运到霸州市，胶皮鞋底运到定州……灵感来了，史亮想方设法搞到了上述厂家的电话，很快他避开二道贩子，自己成了垃圾头。

捡垃圾不到一年，史亮就干了人们都没想到的事情，捡了许多年垃圾的人不无感慨地说，史亮有这样的心思，迟早会脱颖而出。事实也正如此，成了垃圾头的史亮，逐渐将捡垃圾的人组织起来，每 50 人为一个"舵"，分门别类成立小组，凭着一干人马的苦干，他有了自己的废品回收站。废纸、废铁铝罐、玻璃瓶、塑胶器皿、废旧金属等，几乎所有的废弃物品他都收，再经过整理、分类、打包、运送等全部过程，找到末端购买者直销厂家。这样，收入由原来每月的几百元增至几千元。

熟悉垃圾以后，史亮渐渐发现资源回收这个行业有无穷无尽的潜力，所有的垃圾在他眼中全是宝。收购的废品中，有一部分被当作废铁卖的旧自行车，史亮动起脑子搞起了自行车翻新的业务，这样获利更多。以后，他又搞起了废旧轮胎翻新的业务。到 1986 年，他索性在长沙市郊河西厂后街租下了 10 多间房子，对收购来的可利用物资进行第二次加工，然后在市场上出售，生意十分兴隆。从单纯的收废品到废品加工再利用，史亮在收废品的同时，又走上了一条新路。

1990 年，史亮根据市场金属铝热销的行情，果断地投资，成立了振欣铝业有限公司，利用废旧金属提炼铝。上马之初，有眼光的史亮抛弃了一般手工作坊炼铝的方式，购回正规设备，花了 3 个月时间，亲自去辽宁本溪学会过硬的技术，当时市场上的铝能卖到 1 万元／吨，有了先进的技术作保障，史亮无疑抢占了市场的先机。以后，他又根据已成熟的经验，相继投资了废旧轮胎翻新厂和铝合金加工厂，到 1995 年时，32 岁的史亮已经拥有了自己的 3 个工厂，资产达数百万元。

谁都想抓住改善命运的机会，只是许多人做不到。正是许多人做不到的，史亮却做到了。跟废旧垃圾打交道的时间越长，史亮对这一行也就关注得越多。

以废塑料为例，长沙年产废塑料 3 万吨，目前主要采取填埋方法处理，而被埋的废塑料 200 年都不会腐烂，会产生碳纤化合物气体，极易燃烧和发生爆炸。于是，史亮想到了用废塑料炼油项目，如果这个项目成功了，不但可以使自己的事业更上一个台阶，还是一件利国利民、造福人类的好事。

1996 年，史亮开始了个人项目的调整和论证，整个项目成功的关键在于技术，为此，史亮花了近 2 年的时间进行市场考察和机器设备的引进。除了在国内了解此项技术外，他先后去了日本、德国、新加坡、马来西亚等地，考察他们治理垃圾的先进经验，最后，他选择了从日本引进先进经验及先进的技术设备。

经过一年的技术论证，1999 年 6 月，投资 1300 多万元的环保塑化炼油厂正式成立。从废塑料加催化剂，经过 500 度高温熔化来回循环、冷却、澄清，到分类出柴油、汽油，整个现代化炼油的工艺流程科学合理，杜绝了二次污染。经过处理，每吨废塑料的出油率可达 75%，每吨油的利润在 1000 元左右。项目投产后，生产的合格产品已源源不断地进入市场，供不应求，史亮的经营取得了辉煌的业绩。

与此同时，史亮又从德国引进了治理被称为"黑色污染"的废旧轮胎制粉技术，成立了环保橡胶制粉厂，生产出的橡胶粉被用于铺设柏油路，不但成本低，还能起到防滑、防冻的作用，产品销售一直看好。

从捡垃圾做到公益环保工业，史亮终于在服务大众与建功立业之间建造了一座金桥。

从史亮的商迹中我们研究他的商道发现，他的事业每一步的扩张都是他运用手里掌握的资源并结合市场挖掘商机的结果。

如果只知道低头走路，从来都不懂得抬头看看，选择一下是否还有更好的路可供选择，那这人恐怕永远都走不远。一开始也许大家面临的都是一个小机会，但机会中还会蕴藏多个机会，从中步步挖掘，小机会也就能变为难得的大机会。

▶▶ 第十三章　巧于借力好行舟

靠大事件做大生意

可口可乐公司成立于 1886 年，以其独特的口味而风靡全球，被称为可口可乐魔水。一瓶充其量只是 99.7% 的糖加水何以征服全球？它的秘诀是什么？可口可乐利用战争的特殊事件，以及其本土化的营销策略值得我们借鉴。

伍德鲁夫是把可口可乐饮料推向国际市场的第一功臣，他确立的营销理念就是"要让全世界的人都喝可口可乐"。当时正处于"二战"时期，战事影响了美国民用经济，也使可口可乐陷入困境，但伍德鲁夫从前线的老同学那里得到了一个重要的信息和契机，他得知前线的将士非常喜欢喝可口可乐这种饮料，心里就豁然一亮：当地人自然也可以喝这种饮料，这样就有两个消费群，即前线的将士和当地的消费者。伍德鲁夫首先展开宣传攻势，公开宣传可口可乐对前线将士的重要不亚于枪弹，并亲自制订宣传纲要：一定要把可口可乐与前线将士的战地生活紧紧地联系起来，要用满腔热情的语言激发饮者的欲望，还要写清饮料对胜利的影响。他命令三个一流的宣传人员起草宣传提纲，几经修改，将5万字的宣传稿浓缩成2万字，配上精选的照片，编辑了一套彩色的图文并茂的"前方来信"、"士兵心愿"的小册子，起名为《完成最艰苦的战斗任务与休息的重要性》。小册子强调，在紧张的战斗中，应尽可能调剂战士的生活，当一个战士在完成任务后筋疲力尽、口干舌燥时最需要的就是喝一瓶可口可乐。这个宣传攻势收到了极佳的效果，最后连美国国防部都公开宣布：不论在世界任何角落，凡是有美军驻扎的地方，务必使每一个战士都能以5美分喝到一瓶可口可乐。这一供应计划的全部设备和经费，国防部将给以全力支持。

这一宣传攻势使可口可乐迅速扩张，美国一位著名的将领有这样的举动，他每到一地进行指挥，首先做的不是考虑后勤补给，而是要求建立一个可口可乐罐装厂，这样便可轻而易举地喝到可乐。

伍德鲁夫的宣传攻势和营销战略很快赢得了极大的成功，可口可乐的名字很快传遍了全世界。一瓶普普通通的水，充其量只是99.7%的糖加水，为什么能变成一瓶征服全世界的魔水？其百年来畅销不衰的"秘密"究竟是什么？伍德鲁夫是一个极其精明的商业奇才，他懂得文化对人的影响力，要紧紧地、永久地抓住消费者，没有深层的文化力来推动是不行的。他网罗了高水平的心理学家、社会学家、精神分析学家，以及各类艺术设计人员，凡是能够利用的广告媒介和文化手段无不加以利用。他提出了制作广告的三条原则：怡神悦目、简洁有力、给人以清爽感。他对每一条广告都要亲自审查、反复推敲。要使广告做到"让公众产生一种新鲜感，进而向往和迷恋，而且又要使竞争对手无懈可击"。伍德鲁夫不仅在广告质量上倾注了巨大的精力，而且果断决策，把大把大把的钱投到广告上，1911 年可口可乐的广告费就高达 100 万美元，到 1941 年把广告费追加到 1000 万美元，1948 年追加又翻了一番，达2000 万美元，1958 年又是翻了一番，增加到 4000 万美元，2000 年达到 1.9亿美元。

一个多世纪以来，可口可乐这一软饮料犹如一瓶魔水风靡全球，经久不衰。在 20 多年前曾有人做过这样一个有趣的统计：把销售可口可乐全部的瓶子直立并排，等于从地球到月球 115 次来回，或铺成宽 7.5米的高速公路，可绕地球赤道 15 圈。到 1985 年，可口可乐每天的销售量超过 3 亿瓶，年营业额达数亿美元，畅销全球 150 个国家和地区，可见其生意兴隆，举世无双。

可口可乐的成功因素当然并不仅仅这些，而且也有人会说像第二次世界大战那样的历史一般不会重演。是的，世界大战是不会轻易上演，但像这样的特殊事件的商机，我们却应去好好挖掘。类似的事件如 1997年东南亚金融危机以及后来的美国对伊拉克战争，所有这些，都成就了一批精明的商家。

现如今，可口可乐不仅是美国的骄傲，更是世界饮料业的旗舰，其善于借力的营销策略实为我们学习的榜样。

借众人之力做成"不可能"的生意

如果有人让你以一流产品的价格去购买他的二流产品，这样的生意你做不做？估计十个人里有九个人会说"不"。但某公司的董事长却把这样的生意做成了。

数十年前，当某公司第一次制造节能白炽灯时，公司董事长就到各

145

地去做旅行推销，他希望各地的代理商仍能本着以前的友善态度来尽力帮忙，使这项新产品——节能白炽灯能顺利地打入各个市场。

董事长召集了各个代理商，向他们详细介绍这项刚刚问世的新产品，他说："经过多年来的苦心研究和试制，本公司终于完成了这项对人类有大用途的产品。虽然它还称不上第一流的产品，只能说是第二流的，但是，我仍然要拜托在座的各位，以第一流的产品价格，来向本公司购买。"

听完董事长的一席话，在场的代理商都不禁哗然："咦！董事长有没有说错？有谁愿意以购买第一流产品的价格来买第二流的产品呢？我们这些惯于经营的代销商又不是傻瓜，怎么会做这种明摆着亏本的买卖呢？莫非是董事长说急了搞糊涂了吧？董事长你本人都已承认它是第二流的产品了，那当然应该以第二流产品的价格来交易才对啊！奇怪，董事长你怎么会说出这样的话呢？难道……"大家都以怀疑、莫名其妙的眼光看着董事长。

"各位，我知道你们一定会觉得很奇怪，不过，我仍然要再三拜托各位。"

"那么，请你把理由说出来听一听吧！"

"大家都知道，目前制造电灯泡的企业可以称为一流的，全国只有一家而已。因此，他们算是垄断了整个市场，即使他们任意抬高价格，大家也仍然要去购买，是不是？如果，有同样优良的产品，但价格便宜一些的话，对大家不是一项福音吗？否则你们仍然不得不按厂商开出来的价格去购买。"经过董事长这么一说，大家似乎有了一点儿了解。

"就拿拳击赛来说吧！无可否认，拳王的实力谁也不能忽视！但是，如果没有人和他对抗的话，这场拳击赛就没有办法成立了。因此，必须有个实力相当、身手矫健的对手，来和拳王打擂，这样的拳击才精彩。不是吗？现在，灯泡制造业中就好比只有拳王一个人。因此，你们对灯泡业是不会发生任何兴趣的，同时，也赚不了多少钱。如果，这个时候能出现一位对手的话，就有了互相竞争的机会。换句话说，把优良的新产品以低廉的价格提供给各位，大家一定能得到更多的利润。"

"董事长，你说得不错，可是，目前并没有另外一位拳王呀！"

"我想，另一位拳王就由我来充当好了。为什么目前本公司只能制造第二流的节能白炽灯呢？你们知道吗？这是因为本公司资金不足，所以，无法做技术上的突破。如果各位肯帮忙，以一流产品的价格来购买本公司第二流的产品，这样我就会得到许多利润，把这笔利润用于改良技术上，相信不久的将来，本公司一定可以制造出优良的产品了。这样一来，灯泡制造业等于出现了两个拳王，在彼此大力竞争之下，品质必然会提高，那么，毫无疑问地，价格也就会降低了。到了那个时候，我一定好好地谢谢各位。此刻，我只希望你们能帮助我扮演'拳王的对手'这个角色。但愿你们能不断地支持，帮助本公司渡过难关，因此，我要求各位能以一流产品的价格，来购买这些二流产品！"

一阵热烈的鼓掌声淹没了嘈杂的声音，董事长的说服产生了极大的回响。"以前也有不少人来过这儿，不过，从来没有人说过这些话。我们很了解你目前的处境，所以，希望你能赶快成为'另一个拳王'，因为，以一流产品的价格来购买二流产品，这种心情总是不会太好的！"经过大家的决议之后，他们推出一位代表这么说。"谢谢！谢谢！我真是太感动了！各位的好意我永远都不会忘记的，总有一天我会好好报答各位……"

这天晚上，谈判就在这种愉快而感人的气氛中结束了。一年后，这家公司所制造的节能白炽灯终于以第一流的品质而推出，那些代理商也得到了很令他们满意的报酬。

按照常理说，一流产品的价格比较昂贵，而二流产品的价格当然应该便宜一些。而董事长竟然能说服大家，这当然不是一般谈判方法所能解决的。成功的秘诀在于开给别人一张"远期"支票，既然有大利可图，眼前的一点小亏大家还是可以吃的。

制造流行生意好做

萨耶是一家布料店的老板，近来生意不太好，许多过时的布料成了堆滞品。他眉头不展，苦苦冥思着怎样把积压的布匹卖出去。

萨耶看到妻子从外面买了块与他店里同样花色的布料回来。他很惊讶，他想不出自己卖不出去的产品怎么人家就能卖出？这明明是一款过时的花色，怎么深受这么多女性的喜爱？萨耶决定弄明白事情真相，这对他来说太重要了，因为他也是卖布的。

一天萨耶下班回家，看见桌上又放着一块布料，他知道这又是妻子买的，心里很不高兴。因为这种布料自己的店里都卖不出去，干吗还去买别人的呢？

妻子任性地说："我高兴嘛！这种衣料不算太好，但花式流行啊。"

萨耶叫起来了："我的天！这种衣料自去年上市以来，一直卖不出去，怎么会流行起来呢？"

"卖布小贩说的。"妻子坦白了，"今年的游园会上，这种花式将会流行起来。"

妻子还告诉萨耶，在游园会上，当地社交界最有名的贵妇瑞尔夫人和泰姬夫人都将穿这种花式的衣服。妻子还嘱咐他不要把这个消息说出去。

原来，小贩送了两块布料给瑞尔和泰姬夫人，不但在她们面前赞美，而且激发她们带头领导服装新潮流，并请了当地最有名气的时装设计师为她们裁制。

游园那天，全场妇女中，只有那两名贵妇及少数几个女人穿着那种花色的衣服，萨耶太太也是其中之一，她因此出尽了风头。游园会结束时，许多妇女都得到一张通知单，上面写着："瑞尔夫人和泰姬夫人所穿的新衣料，本店有售。"

第二天，萨耶找到那家店铺，只见人群拥挤，争先恐后地抢购布料。等他走近一看，才知道这个店铺比他想象的更绝，店门前贴着一行大字：衣料售完，明日来新货。那些购买者唯恐明天买不到，都在预先交钱。伙计们还不断地说，这种法国衣料因原料有限，很难充分供应。萨耶知道这种布料进货不多，并非因为缺少原料，而是因为销路不好，没有再继续进口。看到这个小贩用如此巧妙的点子来销售商品，萨耶从心里折服。

原本是过时的花色，但假如它与当地的贵妇挂钩在一起，借贵妇的"威"这布料的身价就非同一般了。妇人都有攀比的心理，谁的衣饰独一无二，谁就似乎拥有了全世界的荣耀，这种感觉让女士们乐此不疲。小贩洞察玄机，算是"借"到点子上。这样做生意简单吗？赚钱吗？答案不言而喻。

能借政府之力生意自然好做

善于借势，往往能够在最短的时间内，获得最大的收益。19 世纪 70 年代，日本最大的船舶公司——邮便汽船三菱公司，就是通过与政府的合作，从而获得了绝好的机会与丰厚的利润，并最终垄断了日本的海运业。

日本三菱公司的创始人弥太郎自创业以来，与政界人士往来密切，并懂得如何巴结政府要员，从而操纵政府来达到自己的目的，明治七年，即 1874 年，日本准备出兵入侵中国台湾岛。弥太郎意识到这是千载难逢的好机会。于是用钱买通了明治政府官员大久保利通、大隈重信，并与之结为莫逆之交，使三菱完全独揽了台湾航线上的运输业务。为了从中牟利，弥太郎想出一个绝招。他让政府先买船，把船交给三菱商会使用，用这些船运输兵员、武器、弹药，最后以无偿的方式，将这些船舶收归己有。政府当局匆匆购入 13 艘外国货船，委托与三菱关系密切的朝廷重臣大久保利通、大隈重信负责海上军事运输要务，这二位重臣转而把经营业务委托给三菱公司。

由于拥有 13 艘先进船舶，并开辟了台湾航线，三菱蒸汽船公司的效益迅速上升，从 1874 年 8 月到 12 月，短短四个月就进行了 24 次大规模的海运业务，出色地完成了重要军用物资和兵员的运输业务。三菱不但获得了极为丰厚的利润，同时也博得了政府的高度信任，为官商经营的进一步拓展打下了基础。1875 年在侵略战争刚刚结束时，日本政府立即授权三菱蒸汽船公司开辟日本至中国上海的第一条定期航线。同年 5 月，根据日本明治政府内务卿大久保利通的建议，实行了以"对民

有民营海运加以保护监督"为核心的海运政策，这为三菱垄断海运业提
供了保护伞，同年 7 月，日本明治政府又把侵略台湾时做过委托经营的
13 艘轮船无偿地出让给三菱，同时与三菱订立契约，每年给三菱 25 万
日元的经营补助金，且连续补助 14 年。同时还指出三菱蒸汽船公司虽
然是一家私人企业，但必须接受明治政府的监督，不许经营其他事业。
这样三菱公司的事业只能在海运业上发展。以后政府又下令解散日本国
邮便蒸汽船公司，并将该公司旗下所有的船舶、仓库等都交给三菱蒸汽
船公司。1875 年 9 月，三菱蒸汽船公司改名为"邮便汽船三菱公司"，
它所拥有的船舶达 40 余艘，是日本当时最大的船舶公司，已成为无与
匹敌的海运业的垄断者。

　　做生意，求发展，既要凭借自身优势，充分发挥自己的能力，同
时又要善于借势。大树下面好乘凉，如果能够找到自己的经营伙伴和靠
山，无疑会对自己的事业起到推波助澜的作用。弥太郎的发迹史，对于
开创事业的人们，如何以一博百，借用外在的力量，有着极为现实的指
导意义。

借名牌之风，行自己之船

　　弱小的狐狸可以借着老虎的威严，炫耀自己。那么，弱小的公司为
什么不能傍着名牌来宣传自己的产品呢？约翰逊黑人化妆品公司正是借
此成事的。

　　收购名牌是财大气粗者的大手笔之作，小公司却是望尘莫及，但是
通过脑力资源的灵活整合，小小公司也可以傍上名牌走天下。

　　20 世纪 50 年代末，美国的黑人化妆品市场全是佛雷公司的天下。

乔治·约翰逊成立的约翰逊黑人化妆品公司，只有 500 美元资产，三个员工，是典型的小公司。"怎样才能迅速地立足与发展呢？"乔治·约翰逊苦苦地思索着。

后来，他终于想出一个点子：在广告中用名牌烘托自己的产品。他在广告中写道："当你用过佛雷公司的产品化妆之后，再擦上约翰逊的粉质膏，将会收到意想不到的效果。"同事都十分不解："你不是在为佛雷公司做广告吗？世界上难道还有替对手做宣传的人吗？他们的名气不是会越来越大吗？"约翰逊笑着解释说："正因为他们的名气大，而我们却没有名气，才需要这样做。现在，在美国没有几个人知道我约翰逊，但是如果我想办法站在美国总统身旁的话，你想一想将是什么样的情况，那我一定是家喻户晓的人物！推销化妆品的道理是一样的，现在的佛雷公司化妆品在黑人社会久负盛名，我们的产品和它的名字在广告中同时出现，明着是捧佛雷公司，实际上却抬高了我们产品的身价。"

这一招果然十分灵验，消费者很自然地接受了他们的产品，销量一天天地上升。接着，约翰逊又生产了一系列新的产品。他把利润的大半用作强化宣传，提高约翰逊公司产品的知名度，在黑人社会中占有一席之地。在管理上，他踏踏实实做好产品的质量，不断扩大自己的销售网络。短短几年，约翰逊把佛雷公司的大部分产品挤出了市场。

在强者林立，市场空间有限的情况下，一些小的企业想从中分一杯羹都是难上加难。如果以硬碰硬，显然不是对手，莫不如倚强造势，给他来个浑水摸鱼。这样的智慧美国人有，日本人也会用。

第二次世界大战之后，战败的日本百废待兴。新楼盘、新厂房如雨后春笋般从平地冒出来，这是日本建筑业的黄金时代。当时，在日本有五家大建筑公司——鹿岛、大成、清水、大林和竹中，媒体和市民都习惯称为"五大建筑公司"。

间组建设公司是一间专门建造隧道、大坝等土木工程的小公司。董事长神部满之助最不满的是洽谈大业务时，发包方总是对着他的名片说："间组？没有听说过。这么大一个工程，还是找一间有名气的公司稳妥些，对不起了。"

"他们既然不承认我们，就得想法把水搅浑！"神部暗下决心。一番周密的策划之后，当地各大报社都同时收到间组建筑公司一笔数目不菲的广告费。附带的条件是今后"五大建筑公司"刊登广告时，落款必须加上间组公司；而当间组刊登广告时，也并列五大公司之名；在今后的新闻报道以及评论里，把"五大建筑公司"统统改为"六大建筑公司"。既然有数目可观的广告费，做起来又不会伤害自己和他人，报社全都答应了。

当然，神部也要面对对手的冷嘲热讽，还有内部员工的不理解。间组公司与五大公司的差距是非常明显的，实力在间组之上的还大有人在。刊登"攀龙附凤"的广告，有人说他是"骗子"，有人认为"是把钱扔到水沟里"。神部不管别人的议论，咬着牙坚持他那浑水摸鱼的计划。后来的事实证明，神部没有失算：好多公司慕名发包给他们，间组总是把工程做得又快又好。找上门的业务多了，公司的规模效益越来越大。三年之后，间组公司真的成了名副其实的第六大建筑公司。

神部这招"浑水摸鱼"，与"老虎"并驾齐驱的歪点子，不但没给自己带来麻烦，反倒从中大获其利。看来只要认清形势，勇于开拓，机会还是有的。

正确认识自己，首先承认自己的弱小地位，是运用狐假虎威的先决条件。作为一个羽翼未丰的小型企业来说，过分争强好胜，是不会有什么好下场的。只有先找到自己的确切位置，并善于借势，才能借风行船，由弱变强。

借假虎吓走真狼的生意经

美国亿万富翁哈默到晚年才开始进入石油行业，开始的时候，太平洋煤气与电力公司对他的天然气不感兴趣，于是他找到洛杉矶的议会，向议员们兜售他的主意，议员们觉得有利可图，接受了哈默的观点。这下可苦了太平洋煤气与电力公司，他们不得不主动找到哈默，微笑着向他投去橄榄枝。

1961 年，哈默的石油公司在小小的奥克西钻通了加利福尼亚州第二个最大的天然气田，这个气田当时的价值是 2 亿美元。几个月后，它在附近的布伦特伍德又钻出了一个蕴藏量非常丰富的天然气田。

哈默抑制不住内心的高兴，匆匆忙忙赶往太平洋煤气与电力公司，心中拿定了主意，准备同这家公司签订为期 20 年的天然气出售合同，没想到却碰了一鼻子灰。太平洋煤气与电力公司三言两语就把哈默打发走了。他们说对不起，他们不需要哈默的天然气，因为他们已经耗费巨资准备修建一条从加拿大的艾伯塔到旧金山海湾区的天然气管道，大量的天然气可以从加拿大通过管道输来。

这无疑给哈默当头泼了一盆冷水，哈默一时竟不知所措，但他毕竟是从事多年经营的老企业家，很快，他就平静下来。

哈默立即前往洛杉矶市，因为洛杉矶市是太平洋煤气与电力公司的买主，天然气的直接承受单位。他很快找到该市的市议会，绘声绘色地向议员们说，他计划从拉思罗普修筑一条天然气管道直达洛杉矶市，他将以比太平洋煤气与电力公司和其他任何投标人更为便宜的价格供应天然气，以满足洛杉矶的需要，而且，由于他将加快修建管道的工程速度，所以，也将比太平洋煤气与电力公司和其他投标人提供天然气的时间更为缩短，洛杉矶市民将可在最短的时期内用到他的价格便宜的天然气。议员们一听便动了心，准备接受哈默石油公司的计划，而放弃太平洋煤气与电力公司的天然气。

哈默的这一招确实厉害，太平洋煤气与电力公司知道这一消息后，十分着慌，马上找到哈默，表示愿意接受哈默的天然气，这时的哈默可神气了，他处于居高临下的地位，提出了一系列有利于他的条件，太平洋煤气与电力公司不敢提出异议，结果，乖乖地同哈默签订了合同。

生意场上的较量，不是你死就是我活。要想赢得精彩，应该冷静分析一下，对方最害怕的是什么，然后，可直接找到与对方经济利益密切的另一方，造成威胁对方的势态，最终使事情发生转机。哈默的生意能失而复得，就是用了一只"老虎"，吓住了这两只"兽"。

▶▶ 第十四章　奇处下手寻财富

打破禁忌创造财富

皮尔·卡丹，一个服装界极负盛名的设计大师。那么，他是如何取得如此的骄人成绩，他的制胜之道是什么？那就是他的别出心裁。

事实证明人们都有猎奇的心理，只有新奇的东西才能吸引更多的眼球，皮尔·卡丹正是用他出奇的设计之手，制造了一次又一次的轰动。

"二战"后的法国，经济迅速复苏，大批妇女冲出家庭的藩篱，融入社会生活之中，整个欧洲的社会消费大增。卡丹想：如果能将自己设计的服装大批生产，市场前景将会不可估量。卡丹本来就是极聪明的人，他怎能放过这一商机。他毅然提出了"成衣大众化"的口号，把设计重点放在一般消费者身上，让更多的妇女和男士买得起、穿得上。

不久，卡丹源源不断地推出了一系列风格高雅、质料适度的成衣，这些物美价廉的服装深受广大消费者的欢迎，卡丹时装店天天门庭若市。

"成衣大众化"在商战中是出奇制胜的妙计，而在服装界则是一种创造性的革命。

卡丹这一大胆创举，惹怒了保守而嫉妒的同行，他们群起而攻之，说他离经叛道，有伤风化，联手欲将卡丹逐出巴黎时装界。

面对世俗的偏见、同行的嫉妒，卡丹没有屈服退缩，而是我行我素，一次又一次使用奇招妙计，攻克和占领时装市场的一个又一个阵地。

在卡丹之前，法国时装可以说是女人的领地，根本没有男人的一席之地。这是法国数百年时装历史一直维持着的传统，谁也没想过变更。卡丹却从此处找到了开拓市场的缺口。于是，他继"成衣大众化"之后，又掀起一股男性时装的旋风。不久，在那些被女性时装长期垄断的橱窗，开始出现充满阳刚之美的男性高级时装。

紧接着，卡丹又把开拓市场的目光转向了童装，他的系列童装一问世，就迅速占领了整个欧洲市场。他所设计的童装怪诞离奇，富于幻想，仿佛在为儿童世界演绎着一个个神话和梦想。这不仅打破了传统童装单调、平淡的陈旧样式，而且使落后的法国童装与高级时装一起走向了国际市场。

此后，卡丹又推出一系列妇女秋季套装，以款式新颖、料质柔顺、做工精细而成为年轻太太、时髦女郎的抢手货，并再一次轰动整个巴黎。

卡丹不仅在服装领域里出奇制胜，而且在企业经营管理方面也奇招迭出。

他首先在法国倡导转让设计和商标，利润提成7%至10%的经营方式。打破了服装行业长期一成不变的呆板经营局面，推动了法国服装产量的增长，而且将法国服装设计艺术推向一个高潮。

1962年，法国服装行会在所有会员的要求下，请卡丹出任行会的主席。

他还先后三次获得法国时装的最高荣誉大奖——金顶针奖。这一大奖对一个时装设计师来讲，就像电影奥斯卡金奖或学术界的诺贝尔奖一样，代表至高无上的荣誉。而今，皮尔·卡丹的名字可以和法国的埃菲尔铁塔齐名，被视为法国的骄傲。

对于喜新厌旧、追赶时髦的小姐们，皮尔·卡丹用一套套新颖的服装去满足她们。不仅如此，他还在社会需求增加的情势下提出成衣大众化口号，并掀起男装的旋风，还推出童装、妇女秋季套装等产品。所有这些成就和随之而来的数不清的财富，都是他打破行业传统禁忌别出心裁的结果。

换一个角度找"钱"途

当人们有某种需要时，不同的人会有不同的表达方式。心直口快者会直接说出自己的意思，而性情乖巧的人则会委婉地表达。而且，与直接说出的意思比起来，它反而更有效。做生意也是一样，马幼斌通过"借力"的方式，用游客的手为自己植树造林，绿化了度假村，而且还让游客乐在其中，他的点子让人叫绝。

浙江温州人做生意全国有名，在商场上，他们常常使出一些令人意想不到的高招，让你佩服得五体投地。

在浙江东部有一个风光旖旎的小岛，名叫鹿儿岛。因气候温和、鸟语花香，吸引了大批来自各地的观光游客。有一位名叫马幼斌的温州商人，看中了这块宝地，便在这里选取了一块光秃秃的山坡，修建了一座豪华气派的鹿儿岛度假村。但由于度假村地处秃坡，一些投宿的观光客总觉得有些扫兴，建议马幼斌尽快绿化此坡，改善度假村的环境，马幼斌觉得这个建议好是好，但度假村里人手少，资金又不足，要栽树不知栽到哪年哪月才能栽完。不过马幼斌毕竟是个温州人，天生就是做生意的料，他脑子一转，立即想出了一个高招。时值植树节，他迅速在各大媒体打出一则这样的广告：

各位亲爱的游客：你想在鹿儿岛留下永久的纪念吗？那么，请到鹿儿岛度假村的山坡上栽上一棵纪念树吧，以纪念你的新婚或旅行！

这一招果真管用，很快就得到了观光客的热烈回应，那些常年生活在大都市的城里人，在废气和噪声中生活久了，十分渴望到大自然中去呼吸一下新鲜空气，休息休息，如果能亲手栽上一棵树，留下"到此一游"的永恒纪念，那是很有意义的，于是各地游客都纷纷来鹿儿岛度假村的山坡上栽树。

一时间，鹿儿岛度假村变得游客盈门，热闹非凡，当然，马幼斌并没有忘记替栽树的游客准备一些花草、树苗、铲子和浇灌的工具，以及一些为栽树者留名的木牌。并规定：游客栽一棵树，鹿儿岛度假村收取10元的工本费。并在木牌上写上大名，以示纪念，这是很有吸引力的赚钱高招，到此一游的人谁不想留个纪念？因此，一年下来，鹿儿岛度假村除食宿费收入外，还收取了栽树费数百万元，几年以后，随着幼树成材，荒秃的山坡绿化了，马幼斌也因此发了大财。

纪念的东西总是弥足珍贵，所以谁都愿意留下一些东西来纪念。马幼斌其实就是抓住了人们这样的心理，巧妙地借助了游人的力量，从而实现了自己想要做的事情。

这里面包含的最重要一点，就是换一种思维、换一种方式去解决问题，如果马幼斌说种树是为了绿化他的山坡避免难看，恐怕不会有谁会去种树。正是如此"迂回"的战术，马幼斌的点子才获成功。

在不可能之中找商机

"风扇为什么不能是蓝色的？"东芝的一个员工的小灵感引发了一场风扇的变革，挽救了整个企业。世上没有绝对不可能的事，只要你敢于突破思维常理，进行创新思考，就会获得更多意外的收获。

1952 年的一天，日本东芝电气公司董事长石坂从库房里出来，在小路上踱来踱去。汽车从他身边驶过，路旁绯红的樱花迎风摇摆着，这些石坂全然不知。因为库房里积压着大量的电扇卖不出去，7 万多名职工为了打开销路，费尽心机地想了不少办法，依然进展不大。面临着这样一个棘手的问题，当然石坂得绞尽脑汁了。

"董事长！"一个小职员的问候打断了石坂的思绪。"把咱们生产的电扇换成蓝色的吧！"小职员说。石坂一怔，这个小职员的建议引起了他的高度注意。"我们谈谈去。"石坂拉着小职员的手向他的办公室走去。

"你怎么会有这种想法呢？""浅蓝色是天空的颜色，多赏心悦目；而黑色多昏暗，多不明快呀！"石坂听了满意地点点头，但又提出一个疑问："全世界的电扇都是黑色的，我们怎么能够例外呢？""这正是我们的悲哀。黑色成了一种惯例、一种传统，似乎电扇都只能是黑色的，不是黑色的就不成其为电扇。我们为什么不能突破这个框框呢？"石坂听了小职员的话觉得耳目一新，心里亮堂得像打开了两扇窗户。他把小职员的建议立刻告诉设计部门，经过进一步完善，很快拿出了样品。

第二年夏天，东芝公司推出了一批浅蓝色电扇，大受顾客欢迎，市场上还掀起了一阵抢购热潮，几个月之内就卖出几十万台。从此以后，在日本，以及在全世界，电扇就不再都是一副统一的黑色面孔了。

这一改变颜色的设想，效益竟如此巨大。而提出它，既不需要有渊博的科技知识，也不需要有丰富的商业经验。东芝公司这位小职员提出的建议，从思考方法的角度来看，其可贵之处就在于，它突破了"电扇只能漆成黑色"这一思维定式的束缚。

所有的发展都按既定的模式进行，这样的模式也便自然而然成了标准。但如果一味守旧，守着那些所谓的"标准"不放，那便是悲哀。突破惯例，打破传统，让不可能变为可能，你便能在创新中找到解决问题的金点子。

模仿中创新找到新落点

为了创新，李嘉诚曾亲赴意大利，打工偷师学艺。但他的成功之处更在于不拘泥于别人的艺，而是从模仿中找到适合需要的"新"。

初创业的李嘉诚开始生产塑胶玩具，尽管生意状况很不错，但由于竞争者日渐增多，他已隐隐感到了某种危机。他决定寻找一个新的突破口，一天深夜，他从杂志上看到了一则意大利生产塑胶花的消息，李嘉诚心中一动，决定前往意大利取经。他进入一家塑胶公司打工，借机偷师学艺。

从意大利学艺归来，回到长江塑胶厂，李嘉诚不动声色地把几个部门的负责人和技术骨干们召集到了他的办公室，把带回来的塑胶花样品一一展示给大家看。众人看了这些千姿百态、形象逼真的塑胶花，无不拍案叫绝。

随后，李嘉诚满怀信心地向大家宣布，长江厂今后将以塑胶花为主攻方向，一定要使其成为本厂的拳头产品，使长江厂更上一层楼。

选定设计人员之后，李嘉诚便把样品交给他们研究，要求他们尽快开发出塑胶花新产品。他强调新产品应着眼于三点：一是配方调色，二是成型组合，三是款式品种。

塑胶花说白了就是植物花的复制品，不同国家、不同地区，甚至每个家庭、每个人喜爱的花卉品种都不尽相同。李嘉诚发现他带回来的样品，无论从品种还是花色方面看都太意大利化了，不适合香港人的口味。

因此，李嘉诚要求设计师们顺应香港和国际大众消费者的口味和喜好，设计出一套全新的款式来，不必拘泥于植物花卉的原有形状和模式。

设计师们经过精心研制，终于做出了不同色泽款式的"蜡样"。李嘉诚对设计师的作品很满意，但他依然不敢确认是否适合香港大众的口味，于是他便带着蜡花走访了不同消费层次的家庭，最后决定以其中的一批蜡花作为主打产品。此时，技术人员经过反复试验，已把配方调色确定到最佳水准。又经过连续一个多月的昼夜奋战，终于研制出了第一批样品。

李嘉诚携带自产的塑胶花样品，像最初做推销员那样，一一走访经销商。当李嘉诚把样品展示给他们时，这些经销商被眼前这些小巧玲珑、惟妙惟肖的塑胶花弄得瞠目结舌、眼花缭乱。有些经销商是长江厂的老客户，正因为太了解长江厂了，他们才更加不敢相信自己的眼睛，心说，就凭长江厂那破旧不堪的厂房、老掉牙的设备，能生产出这么美丽的塑胶花？确实令人难以置信。

"这是你们生产出来的吗？"一位客户狐疑地问道，"论质量，可以说与意产的不分上下。"

"你们大概怀疑我是从意大利弄来的吧？"李嘉诚早已看出了客户的狐疑，他心平气和地微笑道："你们可以将两者比较一番，看看是港产的，还是意产的。"

大家围着塑胶花仔细察看，这才发现李嘉诚带来的塑胶花，的确与印象中的意大利产品有所不同。在样品中，有好多种中国人喜爱的特色花卉品种。

不久，塑胶花迅速风行香港及东南亚。更精确地说，应该是在数周之间，香港大街小巷的花卉店中，几乎全都摆满了长江厂出品的塑胶花。寻常百姓家，大小公司的写字楼里，甚至汽车驾驶室里，无不绽放着绚烂夺目的塑胶花。

李嘉诚用他的塑胶花掀起了香港消费新潮，长江塑胶厂渐渐开始蜚声香港业界。

李嘉诚的创新不是生搬硬套，更不是不切实际地闭门造车，而是在模仿中找到结合点，在结合中求新鲜，以新鲜攻占市场。可以说李嘉诚念足了模仿中创新的生意经。

人弃我取掘财源

财富只偏爱那些有胆有识之士。希腊商人亚里士多德·奥纳西斯之所以能成为"世界船王"，可以说完全归功于他的智勇双全，有胆有识，敢于在别人放弃的地方发掘属于自己的宝藏。

希腊商人亚里士多德·奥纳西斯，人称"世界船王"，拥有船只400多艘，运力达700多万吨。面对这样的巨商大贾，很多人都以为他是靠继承财产成为富翁的。然而事实却不尽然，他成功的诀窍就是："人所不欲施于己"。

1922 年，16 岁的奥纳西斯，搭乘一艘破旧的货轮逃难到了阿根廷。在首都布宜诺斯艾利斯，他找了份焊工工作，每天工作 16 小时以上，省吃俭用，不久便有了一笔积蓄。

这时候，他开始考虑自己的前途，梦想着要成为一个大富翁。

不久，他辞去工作，创办了自己的企业，经营烟草生意。几年后，他的财产超过 10 万美元，1930 年，年仅 24 岁的奥纳西斯被希腊政府任命为驻布宜诺斯艾利斯的总领事。

这一特殊的职务使他有机会经常接触船只，一种做船东的思想在他的心中日渐成熟。

就在这时，一场席卷世界的经济危机爆发了，许多大企业顷刻之间便倒闭了。风雨之后见彩虹，奥纳西斯清醒地预见到了这场灾难之后的情形：世界经济将会再度繁荣。他四处奔波，抢购那些船东们急于出手的便宜货。

有一天，他看到了这样一条消息，加拿大国有铁路公司拍卖产品，其中有六艘船，由 10 年前 200 万美元降到 2 万美元。他兴奋地跳了起来，火速赶到加拿大，买下了这六艘船。人们都不能理解他的做法，别人扔都扔不掉的东西他却当作宝贝。因为当时危机不仅没有过去，反而更加严重了。但奥纳西斯自有他的想法，那就是要到其他人认为一无所获的地方去赚钱。

不久，第二次世界大战爆发了，战争给他带来了神奇的机会，他花低价购买的船只，一夜间变成了浮动的金块。时来运转，投下的本钱以几何级数在增长，利润滚滚而来。"二战"结束时，他已成为希腊的大船王了。

1943 年，他把企业总部迁到纽约。他预见到"二战"后必然会有一个经济发展的黄金时代，经济的大发展必然会大大刺激对石油等能源的需求，而石油消耗量的大幅增加，势必会使油船的运费猛涨。

他立即投资造油船。1951 年～ 1955 年短短 5 年中，他拥有的油船总吨位由战前的 1 万吨发展到 3 万吨；1956 年～ 1960 年又一个 5 年中，他的油船已达 10 万吨；到 1975 年他逝世时，所拥有的油轮达到 45 艘，其中吨位在 20 万吨以上的超级油轮就有 15 艘。

可以说他从别人不看好的生意中挖掘到了巨大的财富，使他成为拥有世界上最大船队的船王。

有胆有识才能勇于创新开拓进取，从而成就事业。有勇有谋二者缺一不可，倘若有勇无谋，就等同于毫无目的的胡干蛮干，最终是出力不讨好；若有谋无勇，即使用商机为你砌房筑路，但明明看准了商机没有胆量去付诸实践，也只有坐失良机，发不了大财、成不了大器。奥纳西斯在人弃之后既看到"我取"的重大利益，又勇于"我取"，终于大获成功。

从别人的竞争中渔利

"一个人办奥运会"，这是普通人想都不敢想的事情。但却有一个人将它办成了。正是凭着敢为天下先的勇气，再加上商人特有的智慧，尤伯罗斯不仅办成了以往连国家举办都会亏本的奥运会，而且还从中大赚了一笔。

1984 年，在第 23 届奥运会闭幕式上，国际奥委会主席亲自为一个金发碧眼、标致儒雅的美国人佩戴了象征奥林匹克最高荣誉的金质奖章。而他并不是成绩突出的运动员，却是本届奥运会的主办人、名闻遐迩的彼德·维克多·尤伯罗斯。

"一个人办奥运会"，也许你想都没有想过，但他却办成了。

让我们把故事从头说起。1978 年 11 月，就在洛杉矶市获得奥运会主办权后的一个月，市议会通过了一项不准动用公共基金办奥运会的市宪章修正案。洛杉矶市政府只好向美国政府求救。可出于对利益的考虑，和苏联可能抵制的风险，美国政府拒绝了这一请求，并表示不会提供一分钱。

万般无奈之下，洛杉矶市政府再没有其他的选择，于是破天荒地提出设想，由民间私人来主办这届奥运会。可是，这么大的风险，有谁敢染指呢？

前几届奥运会的亏损仍摆在眼前，1976 年加拿大蒙特利尔第 21 届奥运会，亏损达到 10 亿美元；1980 年苏联莫斯科第 22 届奥运会耗资就达 90 亿美元，亏损也是空前的。尤伯罗斯就恰恰在这个时候站了出来。

身为商人的尤伯罗斯，早已深刻地体会到，企业家最重视的，就是自己产品的知名度。没有知名度，再好的产品也难以打开市场。"酒香不怕巷子深"的老话早已被这个效益优先的社会所抛弃，产品的利润绝对是和产品的知名度成正比的。基于这种分析，一个大胆计划在尤伯罗斯心中形成了：利用同行间对手的竞争心理，提高奥运形象的竞争意义，以投标的形式提供赞助，完成对奥运会天文数字般的投资。

尤伯罗斯派出大批工作人员到美国、日本及全世界的各个角落，广泛搜集那些有实力和有意向通过赞助奥运会提升知名度的企业，分析它们的财务状况和竞争策略。随着世界经济在 20 世纪 80 年代初的全面复苏，美国、日本、西欧等地纷纷传来尤伯罗斯盼望已久的好消息，意欲在奥运会上一展身手的企业很快便达到了 1.2 万余家，按近些年体育运动接受赞助的惯例，可能在它们中间筹集到 5000 万到 1 亿美元的赞助。虽然这相对于 1980 年普莱西德湖冬季奥运会 8 万美元的赞助已是云端地底之别，可离尤伯罗斯的希望还差得很远。于是，第二步的计划按部就班地开始实施。

他先在 10 多个有名的企业里散布同行业竞争的计划和出资数额，挑起同行业之间的竞争。然后，尤伯罗斯最妙的一招终于出手，他爆炸性宣布了招标计划：第 23 届奥运会的赞助单位仅招 30 个，多 1 个也不要；每个赞助企业至少出资 400 万美元，少一分都不行；并且每一种不同的行业仅选一家。一时之间，能赞助本届奥运会已经是形象和实力的双重竞争，各大厂商不由得如坐针毡，纷纷抢先行动，互争席位，将赞助额越抬越高，使竞争日趋激烈，因为无论是哪家企业能成为赞助企业，就隐隐意味着坐稳了行业霸主的宝座。

百事可乐和可口可乐这对欢喜冤家首先掉进了陷阱。1980 年的奥运会，是百事可乐占了上风，并以此为契机，完成了企业形象和利润的双重飞跃，与传统的可口可乐俨然形成了分庭抗礼之势。不甘就此认输的可口可乐于是下定决心要在这届奥运会上挽回面子，让百事那样的"小弟弟"认识到"姜还是老的辣"的尊严。

尤伯罗斯向两家大公司抛出了 400 万美元的底价，百事可乐因没有思想准备而犹豫不决。而可口可乐却为了一举击败百事可乐，报出了高出尤伯罗斯底价 3 倍多的 1300 万美元的天文赞助费。果然，百事可乐没有还手，放弃了竞争，可口可乐的董事们笑着成了第 23 届奥运会饮料行业的独家赞助商。

然而，笑得最开心的却莫过于尤伯罗斯了，1300 万美元进了他的账户之后，下一对撞上枪口的猎物又出现在他的眼前。这次则是感光胶片行业的两位大亨：柯达公司和富士公司。保守的柯达 400 万美元都不愿意掏，而富士则出价 700 万美元，最终，富士赢得了洛杉矶奥运会胶卷的独家赞助权。

后知后觉的柯达公司醒来后才发现刚做了一场噩梦，美国市场上富士已稳占半壁江山。一招不慎，满盘皆输，柯达公司的广告部经理也因此被解职。

这些冒险的亮点在尤伯罗斯寻找资本的过程中，频繁出现在我们的眼前。

将运动会实况电视转播权作为专利拍卖，当初的工作人员仅仅提出了 1.52 亿美元的最高报价，然而，尤伯罗斯一番研究之后，提出了又一个创造纪录的 2.5 亿美元。尤伯罗斯成功地策动了美国广播公司和全国广播公司的竞争，并且最终与全国广播公司达成了 2.5 亿美元的协议。

他又从"赞助商席位"拍卖的办法中找到了新的灵感，在火炬接力跑中寻找到了新的财源。奥运会开幕前，要从希腊的奥林匹克把火炬点燃空运到纽约，再蜿蜒绕行美国的 32 个州和哥伦比亚特区，途经 41 个城市和近 1000 个镇，全程 1.5 万公里，最后通过接力传到洛杉矶，并在开幕式上点燃。尤伯罗斯发现参加奥运火炬接力长跑是很多人梦寐以求、引以为荣的事情，于是，他提出了一个公平出卖参加火炬接力跑权利的办法，即凡是参加美国境内奥运火炬接力跑的人，须交纳 3000 美元。虽然有人对此指责不断，可尤伯罗斯最后还是通过这样的手段筹集到了 3000 万美元。

"一个人办奥运会"最终取得了前所未有的成功，而尤伯罗斯也从奥运会上挣到了 2.5 亿美元的财富。

尤伯罗斯一个人便敢承办奥运会充分证明了他的胆识。但他能够取得成功却并不仅仅是因为他敢于冒险，更多的则是源于他成功的商业运作模式。通过对赞助单位招标、拍卖电视转播权、火炬接力等项目运作，尤伯罗斯一举扭亏为盈，他的点子堪称绝无仅有。

▶▶ 第十五章　目光长远生意久

适时改变求胜机

　　企业在创立之初自然会有一个产品定位，这样的定位也确实能够促进企业的发展与产品的销售，但任何模式都不是一成不变的。当产品定位过时，不再能适应人们的品位时，适时调整做出改变是一个不错的选择。

　　万宝路是菲利普·莫里斯公司旗下的品牌。该公司于 1847 在伦敦邦德大街创立，后在 1924 年迁往美国，在美国获得了很好的发展。

　　目前，"万宝路"香烟的产品形象深入人心，有人曾说过："如果一个美国人想欧洲化，他必须去买一部奔驰；但如果一个欧洲人想美国化，那他只需抽万宝路、穿牛仔服就可以了。"可见，"万宝路"已不仅仅是一个企业产品中的名牌，而且已成为美国文化的一部分。

　　20 世纪 20 年代被称作美国的"迷惘的时代"。经过第一次世界大战的冲击，许多青年都自认为受到了战争的创伤，只有拼命享乐才有冲淡创伤的可能。于是，他们或是在爵士乐中尖声大叫，或是沉浸在香烟的烟雾缭绕之中。无论男女，嘴上都会悠闲地衔着一支香烟。女性是爱美的天使，她们抱怨白色的香烟嘴常常沾染了她们的唇膏，变成不雅观的斑斑红点。生产商菲利普·莫里斯听到这种抱怨，决定生产一种适合女性嗜好的香烟。于是，"万宝路"问世了。

万宝路给人的形象是粗犷、豪放、富有男子汉气息，万宝路的产品就如同是男人的专利一般。但该公司中早先的产品定位却是女性群体，但这样的定位使男性"瘾君子"望而却步，就连淑女们也不怎么买账。当公司意识到这种定位误差后，及时调整了战略，将产品由柔弱淑女一下子转为铁骨硬汉，产品因涤荡尽了女人的脂粉味而大受男士的欢迎，销量也成倍增长。

产品总是顺时而动的。所以，好的产品并非一成不变，恰恰相反的是它会紧跟潮流，随着受众品味的变化而变化。所以，不要再固执己见，认为曾经优秀的产品不需要任何的改变，适时改变才是最佳选择。对产品形象的改变，成就了今日的万宝路。

退让中见智慧

现实生活中凡事必讲"竞争"二字而忽略退让法则，不能不说是一大憾事。的确，竞争从古至今成就了无数仁人志士。但不少情形下，只要能做到胆大心细、洞察机遇、巧妙地把握退让的尺寸。进则出奇制胜，退则气闲神定，照样可以助你成就一番伟业。香港首富李嘉诚在商业竞争中的退让之道，不愧是现代商人争相学习的楷模。

在全球电信行业的角逐中，李嘉诚的联合企业是亚洲的领先者之一。和记黄埔集团在退出部分电信业务的同时也获得了280亿美元的收人。那么，和记黄埔将如何处置手中的 280 亿美元现金呢？

这一年 8 月，在伦敦的一家酒店客房里，和记黄埔的董事总经理霍建宁身前摊着一扎文稿，他全神贯注地思考着上面的数字：450 亿美元。这笔令人目眩的巨额资金是包括和记黄埔在内 6 家国际财团用来竞投德国第三代移动电话（3G）6 份营业执照的，不一会儿，霍建宁的手机响了，打来电话的是李嘉诚，和记黄埔 72 岁的董事长。当时，香港的天空乌云密布，台风抽打着李嘉诚新建摩天大楼的窗户。他给霍建宁的答案是：不。接到指示，霍建宁退出德国的拍卖，并且将和记黄埔在德国电信执照中所持有的股份卖给了两个合作伙伴：荷兰 KPNNV 公司以及日本 NTT DoCoMo 公司。

此时适逢暴风雨的高潮到来。分析员大声疾呼，和记黄埔最后一刻退出，意味着它将失去建立遍及欧洲大陆的第三代移动电话（3G）网络的机遇。有人因此奋起批评和记黄埔的投资政策，批评者指出，和记黄埔会因为这次失误而丧失机会，无缘成为 3G 电信世界中举足轻重的一员，而在这新一代电信世界中，最普及的高速互联网工具将是移动电话。

从当时的背景来看，众人对这一事件的反应如此激烈是很自然的。因为仅在一年半以前，和记黄埔在 3G 业务方面雄心勃勃。其麾下有许多市值很高的第二代移动电话（2G）运营商，如美国的声流公司（VoiceStream）、英国的 Orange 公司，这些公司都有可能成为 3G 业务的执牛耳者。而且李嘉诚与霍建宁也已拟定出各种计划，准备在法国、比利时、瑞典和瑞士的 3G 营业执照的拍卖中一拼高下。然而，和记黄埔从德国突然退出，可能预示着这些计划将撤销，或者至少会将规模缩小。因此，这个决定在当时激起了种种疑问。《纽约时报》（New York Times）载文发问："超人（香港人对李嘉诚的昵称）失去威力了吗？"

　　当然不是，事实证明李嘉诚通过冷静的分析，已预测到第三代通讯的 3G 业务有可能会遭受到泡沫经济毁灭性打击，因而果断决定退出目前市场前景尚不明朗的 3G 业务。也许是为了应验李嘉诚的投资判断，自从那一刻起，业界对在 3G 营业执照上花费的巨额投资疑虑重重。电信股的价格波动反映出人们的这一焦虑。德国电信（Deutsche Telekom）的股价在过去 9 个月中猛然下挫了 60%；法国电信（France Telecom）下跌了 40%；英国电信（British Telecom）也下降了 45%。这三家公司都在 3G 业务上投入了巨额资金。与此形成对照的是，和记黄埔的股价只下跌了 20%，很大一部分原因是李嘉诚与霍建宁售出了所持有的电信股，而不是买入。和记黄埔留下的是 210 万名用户，140 万人在香港，其余的分布在印度、以色列等市场中。正如霍建宁所说的那样："我们事后发现，投资者满意公司从德国市场退出的举动。"股价下跌 20% 并不代表投资者个个都是欢天喜地；不过，由于减少了更大的损失，所以倒很值得庆幸。

　　"物竞天择，适者生存"，现代人对这句话的理解大多失之偏颇，忽视了其灵魂——"适"。这一"适"字却在严肃地告诉我们要在"竞"的同时把握"不竞"而"退让"，只有这样才能保证你在商海中做到游刃有余。

别把蛋放在同一个篮子里

　　现在个人理财的通常做法是：一部分存银行，一部分买股票证券，一部分投资商铺企业，很明显就是"别把蛋放在一个篮子里"的最通俗解释，企业更是如此。

1988年，荣海创办了西安海星科技投资控股（集团）有限公司，这是一家在陕西省西安市高技术产业开发区注册的民营高科技企业。

海星公司没有像其他代理商一样"没落"，除了做自有品牌外，还有一个原因，那就是，荣海采用了多元化经营战略。

荣海认为，政治因素、人为因素和体制因素都有可能使苦心经营的一个品牌在瞬间化为乌有。如果把所有的投资都投在一个产品或者一个方向上，那么未来的风险就会相当大。所以，荣海决定"把鸡蛋放在不同的篮子里"。

荣海介绍说，到目前为止，海星集团已经有五大支柱产业：海星科技、海星房地产、海星饮品、海星超市、海星生物制药，并且它们已经从幼稚期走向成熟期，从产业的起伏动荡走向稳步运行。

1993年11月，海星集团投资的第一家自选超市开业，成为西安市里的第一家超市。由于是第一家，刚开始经营时经历了许多困难，最明显的是人们对于超市这种新玩意在短期内难以普遍接纳。荣海对此的看法是，即使赔钱也要坚持经营下去。他是个有独到眼光的人，他的决策给公司带来了巨额的利润和飞速的发展。他派人去国外学习，学习国际正规连锁超市的经营模式，模仿它们进行统一标识、统一采购、统一配送、统一定价管理，以"规模经营，平价销售，面向工薪，货真价实"为经营原则，经过一段时间的努力，海星超市终于发展起来了，并且赢得了很好的商业信誉。到现在为止，海星超市已经拥有80家具有现代化管理和设施的正规连锁自选超市，这80家超市遍布西安城区、安康、咸阳、银川、富平等地区。

1992 年，西安海星房地产综合开发公司成立，这是一家西安海星集团的全资子公司，主要从事房地产综合开发、经营及物业管理等。1994 年 12 月，中英合资西安海星现代饮品有限公司成立，这是一家西安海星集团与英国保诚创业投资公司共同投资兴建的大型现代化饮料食品企业，是中国西北地区最大的饮料基地，其果汁饮料生产规模位列全国同行业前三名。1999 年 7 月 2 日，海星邦和生物制药有限公司成立，这是一家国家定点生产血液制品和生物药品的现代化高新科技企业。

很多民营企业在实施"多元化"经营战略时都失败了，史玉柱就是一个典型的例子，这使得许多人认为"多元化其实是个陷阱"。荣海也认为，有的时候，多元化企业会降低竞争力，所以，有段时间内他也曾考虑过产业的取舍问题，但是，在反复研究有关整合的战略后，他还是决定实施多元化经营战略，并且确定了五大产业，表示会在很长的一段时间里坚持走下去。因为，他同时还认为，多元化企业会降低竞争力只是一部分情况，而不是所有的情况，一个成熟的企业应该由三方面组成：一是目前还没有利润，但很有发展前景的产品或领域；二是目前正处于上升期，利润正高的产品或领域；第三，就是市场已经完全成熟，利润正越来越薄的产品或领域。如果一个企业拥有了这些，即便是多元化的企业，也是很有竞争力的。

荣海将海星多元化经营的成功归为以下几点原因：一是选准了时机；二是兼顾地域经济的特点，注重产业间互补和协调发展；三是发挥主体产业的优势。海星集团先是集中发展其核心产业——电脑，发展到一定的规模和程度，企业积累了足够的资金、技术和人力资源，在行业中也已经享有稳固有利的地位，于是，他们开始实施多元化发展战略，这样，他们就完全有能力应对多元化经营不善带来的一系列问题了。海星集团发展这么多年，始终坚持把电脑作为其支柱产业，以电脑业带动饮料业等其他行业共同发展。这种"一业为主，多元经营"的发展路线，可以使其很好地规避经营风险。

"不把蛋放在同一个篮子里"都能做得到，至于要放在几个篮子里，每个篮子里放多放少则完全取决于自己的眼光了。

以合求大方能求到大

广东惠州 TCL 集团是集通信、电子、地产贸易等多种业务于一体，以通信和电子为主的大型企业集团。TCL 王牌彩电使早先的 TCL 集团一飞冲天，探究其奥秘，该公司采取的策略联盟手段是其中的一个关键因素。

策略联盟是一种正在世界范围内成为潮流的企业经营管理手段，它是指几家拥有不同关键资源的公司进行联盟，交换彼此的资源以创造竞争优势。

早在 TCL 公司发展之初，公司决策者就制定出"品牌优先"的战略，后来的事实证明，这是一个极富远见的决策，甚至可以毫不夸张地说，品牌奠定了 TCL 集团日后大发展的基础，也直接催生了 TCL 王牌彩电。

在掌握了品牌这样的关键性资源后，TCL 选择了相对稳健的策略联盟，其联盟的伙伴就是香港长城公司。

　　设在惠州的香港长城公司是一个彩电生产基地，成立于 1990 年，没有内销指标，只是按境外来料加工的订单进行生产，到 1993 年其生产能力已达到年产 80 万台。由于没有品牌，在销售上陷入了被动局面。1993 年，当国内彩电生产进入超饱和状态时，长城公司的订单已少到难以维持的程度。长城公司和 TCL 公司的合作对于双方都十分必要。在 1993 年，两家与陕西咸阳彩虹集团共同成立了"惠州彩虹电子有限公司"，由 TCL、长城和咸阳彩虹集团三家合资，各占相同的股权。之所以邀请彩虹集团加入，是因为咸阳彩虹的优势就是有一张彩电生产许可证。因为无论是 TCL 还是香港长城，都没有内销的资格，咸阳彩虹的加入使这一策略联盟更为典型。三家各展所长，共同获利。

　　TCL 人在完成策略联盟后便开始开拓市场，他们勇敢地预测大屏幕彩电将是中国下一代彩电竞争的焦点，他们在分析了国内外彩电厂商在中国市场上的竞争态势后认为，对于包括 TCL 在内的中国彩电厂商来说，大家一起做大屏幕，就等于都站在同一条起跑线上。

　　当时具有这种超前意识的不只 TCL，许多彩电生产商都开始进行大屏幕彩电的开发工作。一家著名企业很快就完成了大屏幕彩电基本功能的开发工作，却迟迟没能批量投产，他们要做到更好，但精益求精有时候也会丧失市场商机。

　　"而当时我们的目标是，功能再简单也要把大屏幕彩电做出来，"TCL 老总说，"在中国你要全制式干什么？要丽音干什么？我们把能够减掉的功能尽量减掉。价格降下来，消费者就能接受，满足他们的需求是一步步来的。"在这一原则下，TCL 王牌在 1993 年上半年就开始推出功能简单的"TCL 王牌"大屏幕彩电，29 吋彩电的市场价格在 6000 元左右，到年底已经售出十多万台。

这一年，TCL 王牌总产量的 70％都是大屏幕彩电，一开始就明确了以大屏幕彩电为主的经营方向。

与香港长城的合作中，TCL 除对产品品质的关键环节有所监控外，一心致力于"TCL 王牌"的品牌推广和市场销售。而生产环节基本上是由富有生产管理经验的香港长城公司负责。这种分工极有利于双方在联盟中各自发挥优势。

当竞争加剧，企业为增强自身的竞争力，大都会有如此的强强联手。它们通过策略联盟形成竞争对手难以企及的实力，从而赢得市场先机。如索尼、爱立信的合并，惠普、康柏的并购、美国在线并购时代华纳等。这样的策略还能在很大的程度上弥补企业原有的劣势，有效整合各方资源，对于企业的发展有着极其重要的作用。

连带开发不让肥水外流

在企业集团化广泛被认可的今天，如一味地去追求单一行业的发展已越来越没有钱赚，只有从垂直业务关系做起，发展相关产业，肥水莫入外人田，生意方可越做越大。

中国有句老话，叫做"肥水不流外人田"，就连种地的农民也懂得自家灌溉的肥水不应流到相邻的土地上去的道理。李嘉诚认为，作为以盈利为目的的商人，如果经商时放弃自己即将到手的商业利益，是连起码的常识也不懂的表现。在这一方面，前人早有成功的经验。

20 世纪 20 年代中期，永安堂在上海设了分行，花了很多钱在上海各大报刊登大幅广告，收效很大，万金油在江浙地区畅销。这个事实使万金油大王胡文虎懂得，药品的销路迅速增加，不仅要靠它本身顶用的实惠，报纸广告宣传的作用也不可忽视。他掐指一算，觉得要花那么多钱去登广告，实在不是办法。如果自己有了报纸，岂不是可以大登特登虎标药品的广告？而且有了报社还可以兼营印刷业。四种虎标药品每年需要印大量包装用品及说明书，这笔开支也很大。办了报纸之后，原来支付给人家的广告费和印刷费就变为报社的收入，而且还可以宣传自己，抬高自己的社会地位，真是一举数得。于是他于1929年在新加坡办起了他的第一家报馆，这使他的事业更加迅猛地发展起来。

我们有时常常需要与别人合作而分利于人，这在条件不够充分时是必要的，但如果我们具备了自己把握的实力，就应该采取"不让利法则"，将利润牢牢抓在自己手中。胡文虎开办报社就是这样一招自收广告利润、印刷收入、扩大社会影响的一举三得的妙棋。

而李嘉诚经营地产的成功，与其经营上的不让利法则有着密切的关系。一般的地产公司，其附属业务不外乎包括建筑、财务及管理而已，而李氏地产的业务都是垂直的，当购入土地以后，几乎内部已有其他业务联合，不假外求，他自己不但有楼的设计图样，还有贸易部门购入建筑材料，亦投资混凝土生产，并设有多家建筑公司，包括电器及消防工程部门。自然，他们还是自行卖楼，并提供售后的财务、保险、管理乃至清洁的服务。这哪是其他公司所能比拟的呢？正是依靠这种"肥水不流外人田"的做法，将本公司相关业务中有利可图的生意都尽量自己做了，从而使公司发展一日千里。

肥水莫流外人田，无论多少，不但适用于企业集团，对中小商户也不无裨益。其实，在从商的过程中，我们不难发现，每一个环节的商品流通都或多或少自有钱图，而且只要能认真地做，不说肥水全都不流外人田，至少可以努力地减少能流外人田的肥水。

敢于冒险才能赚到大钱

台塑王永庆创业初期遭遇了几近破产的挫折，王永庆在巨变面前没有惊慌失措，而是站在发展的高度，发现问题并以其尖锐的眼光决策问题：人说山有虎，偏向虎山行。

"台塑大王"王永庆当初在计划投资生产塑胶粉时，经查实，国际行情每吨售价是 1000 美元，因此他认为有利可图。但市场行情是变化着的，等王永庆将塑胶粉生产出来时，国际行情价已经跌至 800 美元以下。而台塑因为产量少，每吨生产成本在 800 美元以上，显然不具备竞争力；加上当时外销市场没打开，岛内仅有的两家胶布机厂又认为台塑的塑胶粉品质欠佳，拒绝采用，因此，台塑的产品严重滞销也就可想而知了。

当然，王永庆绝不是那种为过去而后悔的人，他只考虑如何解决目前的困境，他的决定是：明知山有虎，偏向虎山行，继续扩大生产，努力降低成本。

可是，王永庆这种想法受到内外人士的纷纷反对，公司内部的反对意见更是激烈，他们主张请求政府管制进口，加以保护，否则，以现有的产量都已经销不出去了，增加产量不是会造成更加沉重的压力吗？王永庆认为，靠政府保护是治标不治本的短视行为，就像在娘怀里宠大的孩子一样，终究难成大器。要想在市场上长期立足，唯一的办法就是增强自身竞争力。扩产虽然不一定能保证成功，但至少可以有个希望。

1958 年，在王永庆的坚持下，台塑进行了第一次扩建工程，使月产量翻了一番，达到 200 吨。

然而，在台塑扩建增产的同时，日本许多塑胶厂的产量也在成倍增加，成本降低的幅度比台塑更大。相比之下，台塑公司的产品成本还是偏高，依然不具备市场竞争力。怎么办？王永庆决定继续增产，而且不增则已，增就一步到位，不再老是跟在别人屁股后面跑。

为此，王永庆召集公司的高层干部以及专门从国外请来的顾问共商对策。会上，大家一致同意再次扩建。但在规模上却出现了分歧。有人提议，在原来的基础上再扩展一倍，即提高至月产量 400 吨；外国顾问则提出增至 600 吨。

王永庆的提议是：增至 1200 吨。这就是说，产量提高到原来的整整 6 倍！这一数字惊得在场的所有人直发呆。

外国顾问再次建议："台塑最初的规模只有 100 吨，要进行大规模的扩建，设备就得全部更新。虽然提高到 1200 吨，成本会大大降低，但风险也随之增大。因此，600 吨是一个比较合理而且保险的数字。"他的这一意见得到大多数人认同。

王永庆则坚持认为："我们的仓库里，积压产品堆积如山，究其原因是价格太高。现在，日本的塑胶厂月产量已达到 5000 吨，如果我们只是小改造，成本下不来，仍然不具备竞争能力，结果只有死路一条。我们现在是骑在老虎背上，如果掉下来，后果不堪设想。只有竭尽全力，将老虎彻底征服！"

王永庆的一番话，终于使与会者接受了他的观点，连外国顾问都不禁为之折服。

就这样，王永庆的建议获得了台塑高层的一致通过。

但是，扩建计划还不能马上实施，因为增产需要增添设备，而购买新设备需要外汇。按当时的外汇政策，台塑的计划须经过特批。

王永庆将台塑的扩建计划提交给"工业委员会"主管进口设备的第一处处长沈观泰。沈观泰被王永庆的胆识所打动，爽快地批准了王永庆的计划，使台塑的扩建工程得以顺利进行。

1960年，台塑的第二期扩建工程如期完成，塑胶粉的月产量激增至1200吨，成本果然大幅度降低，从而具备了到海外市场竞争的条件。

人们对财富孜孜以求，生意人更是如此。但财富到底何处寻？王永庆的成功告诉我们：在特定情况下，财富宜在险中求。